Neue Geschichten vom Segler Gustaf

Wolfgang J. Krauss

Wolfgang J. Krauss

Neue Geschichten vom Segler GUSTAF

Verlag Delius, Klasing & Co
Bielefeld, Berlin

ISBN 3-7688-0015-6

2. Auflage

Zeichnungen: Kurt Schmischke

Printed in Germany 1971
Gesamtherstellung: Kunst- und Werbedruck,
Bad Oeynhausen-Eidinghausen

Vorwort

Weil *Gustaf* ein Sohn der Küste ist, könnte man denken, daß man Salzwasser in den Adern haben müßte, um ihn zu verstehen. Doch das starke Echo, das Band I „Die sonderbare Welt des Seglers *Gustaf*“ im Norden und Süden fand, zeigt deutlich, daß seine literarische Heimat auch der Biggesee oder das Schwäbische Meer sein könnte. Denn *Gustaf* ist der segelnde Mensch schlechthin. Der ständige Kampf mit den Tücken des Seglererlebens hat ihn vorsichtig, ja fast ein wenig zu skeptisch gemacht.

Er ist ein Wesen wie wir alle; es gibt ihn allerorten, und was er erlebt und was ihm widerfährt, kann jedem von uns passieren. Indes so häufig es ihn gibt — niemand möchte selbst ein *Gustaf* sein. Merkwürdig ist dabei nur, wie viele *Gustafs* jeder kennt (und Friedas und Julchens). Und dies erklärt wohl seine Popularität am besten.

Wenn auch der Autor steif behauptet, „sein“ *Gustaf* existiere wirklich und habe alles selbst erlebt— wir wissen es besser, daß er ein lustiges Spiegelbild von uns allen ist, ein lieber Freund und Begleiter, dessen Erlebnisse uns unter die Haut gehen, weil es unsere eigenen sind. Laßt uns über ihn schmunzeln. Und über uns selbst.

Der Verlag

Der abwesende Gustaf

„Gustaf, nun döse doch nicht wieder!“ Frieda, sein ihm seit fünfzehn Jahren ehelich angetrautes Weib, ist ernstlich böse. Aber es ist auch wirklich schlimm mit Gustaf. Manchmal — besonders aber während der Wintermonate — kriegen seine Augen so einen abwesenden Glanz, und er sieht stier über seinen Teller oder die Abendzeitung hinweg in die Zimmerecke, als ob dort irgend etwas furchtbar Aufregendes passiere. Oder er starrt minutenlang aus dem Fenster auf einen Punkt des gegenüberliegenden Hauses, hart rechts unter dem Krümmer der Dachrinne, wobei sein Gesichtsausdruck ein derartiges Maß an Konzentration verrät, wie man sie an ihm bei anderen Gelegenheiten — zum Beispiel im Büro oder beim Nachsehen von Julchens Schularbeiten — niemals wahrnehmen kann. In gewissen südlichen Ländern nennt man so etwas den „bösen Blick“, und man schützt sich dagegen durch Amulette oder abwehrende Gesten mit den Fingern, denn „... ein Mensch, der so guckt, kann nur Böses im Sinn haben.“
Wenn Frieda auch nicht bereit ist anzunehmen, Gustafs Blick habe etwas „Böses“ zu bedeuten, ist sie doch weit davon entfernt, ihm dafür sogenannte „edle“ Motive zu unterlegen. Aber was kann es sein, das Gustaf so abwesend auf die jenseitige Hausecke starren läßt? Das schwarzhaarige Fräulein von drüben kommt nicht in Frage, denn es ist um diese Zeit für gewöhnlich noch gar nicht zu Hause. Bei Müllers im zweiten Stock sind die Gardinen fest zugezogen — da gibt es demnach auch nichts zu sehen. Also was ist es nun, das Gustaf da drüben so fürchterlich interessiert?
Frieda strengt sich an, seinem Blick genau in der gleichen Richtung zu folgen. Tja — es ist wirklich nur die Dachrinne, die ihn zu fesseln scheint. „Du“, sagt sie, „was ich noch sagen wollte.“ Und sie sagt es. Gustaf starrt weiter ins Unendliche.
Erst als Frieda ihre Frage — nunmehr

Gustafs dubioses Verhalten die bis dahin künstlich überbrückte Spannung ihre jähe Auslösung in einem Temperamentausbruch der gekränkten Frieda finden muß. „Ich weiß ja nicht, wo du immer mit deinen Gedanken bist — ich will es auch gar nicht wissen —, aber ich finde es im höchsten Grade rücksichtslos, dein mangelndes Interesse für deine Familie so unverblümt zu zeigen!"

Bums — der Ofen ist damit für heute aus, die Luft knistert förmlich vor Ungemütlichkeit, und Gustaf senkt schuldbewußt den nunmehr anwesenden Blick auf seinen Teller.

Und dabei hatte er doch nur . . . Ach, wie soll man Frieda begreiflich machen, daß dies geistige „Weggetretensein" weder etwas mit dem schwarzen Fräulein noch mit Müllers von gegenüber zu tun hat. Es sind auch keine ausschweifenden Jugendreminiszenzen, denen er in Gedanken nachhängt — nein, es ist wirklich nur . . . Und damit fängt die Schwierigkeit an:

Gustaf *segelt!*

Das erklärt an sich alles. Aber diese Erklärung ist nur verständlich für Gustafs, Heinis und Fietes und für alle, die gleichen Sinnes sind; die Segelboote besitzen und keine Zeit, sich damit in Gedanken zu beschäftigen; die immer gerade dann gestört werden, wenn es am schönsten ist. Zum Beispiel, wenn sie dem Problem, wie das Tassenspind in der Kombüse umgebaut werden muß oder ob der Wasserpaß in diesem Jahr seegrün oder dunkelblau abgesetzt werden soll, so nahe sind wie nie zuvor; oder der Frage, die elektrische Kom-

mit einiger Schärfe und mit dem Unterton unmißverständlicher Kampfbereitschaft — zum zweiten Mal stellt, löst sich sein Blick von der Dachrinne. Er zwinkert ein wenig mit den Augen, um die aufs Jenseits eingestellte Parallaxe seiner Augen auf den Abendbrottisch umzuschalten und fragt — wie aus tiefster Trance erwachend —: „Bitte, was meintest du, Frieda?" Vielleicht sagt er auch — völlig ohne Zusammenhang mit der gestellten Frage —: „Ja, ja, du hast vollkommen recht", was viel schlimmer ist, denn es läßt erkennen, daß er dem bisherigen Gespräch überhaupt nicht gefolgt ist.

Es scheint verständlich, daß nun durch

paßbeleuchtung im Cockpit so anzubringen, daß sie nicht blendet und doch ausreichend erhellt.

Und dann die wunderschönen Abschweifungen: Von der umstrittenen Frage der Kompaßbeleuchtung bis zu einem totalen Versinken in die Vorstellung, wie man — am Ruder sitzend — übers Kajütdach hinweg das Unterliek der Fock anpeilt; wie ihr leichtes Vibrieren über Schot und Boot auf die Ruderpinne übertragen wird, so daß man es ganz genau im Körper spürt, wenn die Drücker der kleinen sammetweichen Windstöße ein millimeterweises Anluven gestatten. Ach — man braucht dann zum Segeln gar kein Boot. Nein, ein weicher Sessel, eine Zigarette und leise Musik können Gustaf derart in meditierende Verzückung hineinsteigern, daß er Müllers Dachrinne für den Bülker Leuchtturm ansieht und die vertrockneten Geranien auf dem dritten Fensterbrett von rechts für den Abendstern, der vor ihm mit seinem Widerschein die silbern leuchtende, zittrig-schmale Spur seines Kurses auf dem nachtschwarzen Meer mit eindrucksvoller Klarheit aufzeichnet.

Gustaf ist natürlich kein Dichter, ebenso wie Heini und Fiete keine Dichter sind. Und auch die erlösende, entspannende Wirkung der Kunst tibetanischer Mönche und indischer Jogi, sich jenseits der Realistik irdischer Anfechtungen in das Nirwana göttlicher Wunschvorstellungen zu versenken, ist ihm fremd. Sicher würde er sogar darüber lachen, wenn man ihm derartiges zumutete. Und doch will er nichts weiter, als einer — sagen wir — „paradiesischen Illusion" nachjagen, um Bratkartoffeln, Dachrinnen und den vielen anderen (weitaus überwiegenden) unangenehmen Dingen des Lebens für ein paar Augenblicke zu entfliehen. Und das ist seine Tragik.

Denn das Leben will keine solchen vergnügungssteuerfreien Abstecher ins Kosmische. Es ist hinter ihm her — es jagt ihn: Dienstbeginn, Aufstehen, Rechnungen bezahlen, Pflichten über Pflichten, Bescheidenheit, Sparsamkeit, Treue, Gehorsam sind seine kategorischen Forderungen; Gustaf hier und Gustaf dort, Gustaf passen Sie auf, hören Sie zu, nehmen Sie sich zusammen.

Und Gustaf paßt auf, hört zu und nimmt sich zusammen. Er hat dem nichts entgegenzusetzen als den schon hundertmal angeknacksten Wunsch, hin und wieder für eine halbe Stunde mit sich und seinen „abwegigen" Gedanken allein zu sein. Sein Unglück ist nur, daß ihn seine Gedanken meistens zur unrechten Zeit überfallen oder — richtiger gesagt — daß unsere Zeit eben keine Zeit für Gedanken ist.

Jetzt segelt er gerade wieder. Er sitzt im Sessel, hat die Zeitung vor der Nase — weil er denkt (der Dumme), man merke dann nicht, daß er ungestört sein möchte — und stiert starren Blickes über den Rand des Blattes genau auf die abgestoßene Ecke des Kleiderschrankes. Tun wir, als ob wir es nicht merkten!

Psst! Julchen, Frieda, stört ihn nicht, laßt ihn segeln!

Alle Segelreisen enden schließlich an irgendeinem Gestade, und dann kehrt er ja wieder zu euch zurück.

Erstes Erlebnis

Gustaf gab dem Kinderwagen einen kleinen Schubs mit dem Fuß und ließ ihn vor sich herrollen. Er tat dies nicht etwa, weil er keine Lust hatte, Julchen zu schieben — nein, es geschah mehr aus stummem Protest gegen so vieles, das er zwar mit Worten nicht klar ausdrücken konnte, das sich aber um so hartnäckiger zwischen seinen Gedanken eingenistet hatte.
Gustaf wohnte damals noch in Tremsfeld. Er lebte in einem kleinen Haus, in dessen Nähe die Schwarte vorbeifloß. Dort hatte er vor zwei Jahren Frieda geheiratet, und alles war friedlich und schön gewesen. Gustaf hatte sein Schiff in Rufnähe, und es verging wohl kein Abend, wo er nach der Arbeit nicht mit Frieda ein paar Schläge auf dem kleinen Fluß klüste.
Dann kam Julchen (die damals noch Juliane hieß), und mit der abendlichen Schipperei zu zweit war es aus. Auch die Sonntage erhielten ein anderes Gesicht, denn Julchen forderte ihr Recht und bekam es auch. — Wer Frieda kannte, hatte daran kaum zweifeln können. Allein machte Gustaf die Sache aber auch wenig Spaß. So verging das Frühjahr, und der Sommer kam. Von gemeinsamer Urlaubsfahrt konnte natürlich keine Rede sein. Andererseits hatte Gustaf vielzuviel Familiensinn, als daß es ihm etwa in den Sinn gekommen wäre, irgendwo anders anzumustern. Zu Vaterfreuden gesellten sich Seglersorgen.
So war es auch an diesem schönen Sonntagmorgen eines strahlenden Junitages. Frieda hatte in der Küche mit dem Waschen der Windeln zu tun. Julchen schlief in ihrem Körbchen. Gustaf peilte die Lage und hielt die Gelegenheit, sein Schiff zu besuchen, für günstig. Gerade als er sich aus dem Staub machen wollte, rief Frieda ihm zu: „Gustaf, hast du nicht Lust, mit Julchen ein bißchen auszufahren? Das Kind braucht dringend frische Luft!“
„Son Schiet“, dachte Gustaf, „fünf Minuten später wäre ich schon weg gewesen.“ Schließlich ist Kinderwagenschieben nicht jedermanns Sache. Aber Gustafs Vaterstolz war stärker als sein maritimer Egoismus.

„Klar", sagte er, „mein Frieda, denn gib mich das Gör man her!"
Frieda packte das fünf Monate alte Julchen schön warm in eine himmelblaue Daunendecke, klappte das Verdeck hoch „von wegen der Sonne" und brachte Vater und Tochter bis zur Gartentür. Glückstrahlend sah die junge Frau hinter Gustafs blaugekleidetem Rücken her, der so breit war, daß er den ganzen Kinderwagen verdeckte. „Fahrt man in'n Wald", rief sie ihm nach. Dann ging sie zu ihren Windeln in die Küche zurück.
Gustaf gab dem Kinderwagen jetzt den bereits erwähnten Schubs mit dem Fuß. Julchen hatte er akzeptiert — und, wie er meinte, sogar mit lobenswerter Noblesse —, aber der Wald, der war ihm sauer aufgestoßen. Was sollte er denn auch im Wald? Wald dient dem Holzeinschlag oder allenfalls jungen Leuten zum Versteckspielen. Aber ein richtiger Schipper ist dort fehl am Platz, noch dazu mit einem Kinderwagen und obendrein am Sonntagvormittag.

Gustaf gab den Schubs mit dem Fuß nicht ohne Absicht: Mal sehen, wo die Fuhre hinrollte. Julchen kreischte vor Vergnügen! Da der Weg sanft zur Schwarte hin abfiel, ergab sich der Kurs des Kinderwagens von selbst. Was für ein Wink des Schicksals!
Die Karawane bewegte sich gemächlich zu Tal, wo im Wiesengrund die Schwarte blau und silbrig blinkte. Alle Schiffe waren natürlich fort. Kein Wunder bei dem Wetter! Nur Gustafs SINDBAD lag in der warmen Sonne am Steg und döste vor sich hin.
„Hallo, SINDBAD!" rief Gustaf schon von weitem. Das Schiff blinzelte ihm einladend mit einem Auge zu. Antworten konnte es ja nicht, es war ja nur ein Schiff. Aber Gustaf verstand das auch so. Er schob Julchen in den Schatten einer großen Kastanie. Dann ging er an Bord und machte die Persenning auf. Mein Gott, was für ein Mief! Der Kahn wird viel zu wenig gesegelt. „Na, bitte . . ." sagte SINDBAD in ihrer lautlosen Sprache.
Aber Gustaf dachte an Frieda, an den Wald, an das arme Kind an Land und schüttelte den Kopf. „Wenn es ein Bengel wäre, dann schon eher", kam es ihm in den Sinn. Aber Julchen war doch nun mal kein Bengel. „Und überhaupt, die Kinners werden heutzutage viel zu weich erzogen. Davon kommt ja bloß die ganze Jugendkrimi-kriminität, oder wie das Zeugs heißt." Damit tat er Julchen nun aber wirklich unrecht, denn die war doch viel

zu klein für so etwas. Aber man sieht daran, auf was für abwegige Gedanken die Männer kommen können, wenn ihre Frauen nicht dauernd neben ihnen stehen.
Gustaf hatte indessen — nur so aus Spielerei — die Fockschot eingeschoren und das Segelkleid abgedeckt. „Eigentlich könnte dem Gör ein büschen Segeln nur gut tun, wo die Luft auf dem Wasser bekanntlich am reinsten ist, und der Wind ist auch ganz flau." Frieda? „Ach, wat de Frunslüd blots hebbt med ehre Affenliebe. Son Kind muß frühzeitig mit dat Leben vertraut gemacht werden." (Das „Leben" war für Gustaf identisch mit dem „Leben an Bord".) Er schlug die Piek an und klarierte die Großschot. Dann sprang er energisch an Land, ergriff seine kleine Tochter, nahm sie unter den Arm und kletterte an Bord. Er packte Julchen auf eine Kapokschwimmweste auf der Steuerbord-Backskiste und belegte sie mit einem Zeising an der Klampe. Zur Sicherheit beim Überstaggehen.
Dann warf er die Leinen los und ließ sich treiben. Julchen war es egal, wo sie lag. Von der Umwelt konnte sie an Bord nicht mehr sehen als im Kinderwagen. Aber sicher machte ihr das Klötern der Bugwelle an der geklinkerten Außenhaut Spaß. Sie sabbelte ein wenig vor sich hin und machte „bla, bla, bla" und „kri, kri". Dann blinzelte sie in der warmen Junisonne und döste ein.
Gustaf segelte. Er vergaß Wald, Frieda, Windeln und Uhrzeit, so sehr war er mit sich und dem Strippenkram beschäftigt.
Aber Frieda hatte *ihn* nicht vergessen. Es war schon zwölf, und Gustaf war noch

nicht zurück? Mein Gott, sonst blieb er nie länger als eine halbe Stunde aus und konnte den Kinderwagen gar nicht schnell genug loswerden. Und jetzt war er schon über zwei Stunden fort. Frieda wurde blaß! Ihr kam eine furchtbare Idee! Sollte er etwa? Das war doch wohl nicht möglich; soweit konnte er sich doch nicht vergessen haben. Aber um ihre Ruhe war es geschehen. Sie klarte schnell die Küche auf und hing ein paar Plünnen an die Leine. Dann band sie die Blaukarierte ab, strich sich das Haar glatt und ging zur Pforte. Wohin mochte er bloß gegangen sein? Sie zählte die Möglichkeiten an den Fingern ab: Wald — unwahrscheinlich, dann wäre er längst zurück; Kneipe — nein, die machte erst um 13.00 Uhr auf; Egon — der segelte am Wochenende. Was blieb übrig? Das verflixte Boot.

Von einem unguten Gefühl getrieben, ging sie hastig zum Fluß. Sie übersah mit geübtem Blick die Situation: Kinderwagen leer, Boot weg. „Na, warte! Komm du man zurück. Das sollst du büßen, du . . . du . . ."

Nach einer Weile sah sie Gustafs Segel über dem Ried der Wiesenkante auf den Hafen zukommen. Mit kurzen Schlägen kreuzte er in dem engen Wasser gegen den leichte Südost an. Frieda biß sich auf die Lippen vor Zorn. Dieser Schuft! (Jetzt hatte sie endlich das Wort gefunden, das auf ihn paßte.) Dem Kind so etwas anzutun!

An Bord war die Stimmung bis zu dem Augenblick prächtig gewesen, als Gustaf Friedas geblümtes Kleid unter den Bäumen des Bootshafens entdeckte. „Düwel ok, dat sieht ja bös ut! Julchen, nu holl de Luft an, glieks geiht dat Gewidder los." Er band Julchen von der Klampe los und ging mit einem langen Aufschießer an den Steg. Die Miene der zornbebenden Frieda verhieß nichts Gutes — ja, sie ließ sogar das Schlimmste befürchten.

„Wo ist mein Kind?" rief sie ihm zu. „Hier", sagte Gustaf. Aber da er solch lange Reden beim Segeln nicht gewöhnt war, fierte er die Schot um eine Sekunde zu spät, und das Schiff behielt zu viel Fahrt. Mit einem „Bums" stieß der Steven an die Brücke. Julchen hatte gerade das Köpfchen etwas gelüftet, um dem Vater bei seinen komischen Verrenkungen zuzusehen. Da kam der „Bums" und ließ sie mit der kleinen, zarten Schnute gegen die Belegklampe schlagen. Ein Blutstropfen sickerte aus der Unterlippe, ein hellroter, winziger Tropfen von der Größe eines Stecknadelkopfes.

Gustaf reichte das Kind an Land. Ein *blutendes* Kind! Frieda verschlug es die Sprache. Dann richtete sie sich zu ihrer vollen Größe auf, warf den Kopf in den Nacken, ballte die Faust und rief, indem sie die ganze Verachtung des weiblichen Geschlechts für die dumme und egoistische Männerwelt in ihre Stimme legte: *„Du Mörder!!"*

Darauf packte sie Juliane in den Wagen und stampfte im Zorn von dannen, während ein betrübter Gustaf kopfschüttelnd sein Schiff aufklarte und sich bedrückenden Gedanken über den weiteren Verlauf des Tages hingab.

Seenot

Gustaf, Frieda und Julchen rudern mit dem Dingi über den Strom. Sie haben am Strand Muscheln und bunte Steine gesammelt und wollen zur SINDBAD zurück, die schläfrig im warmen Sonnenglast an der Schleimünder Zollbrücke dümpelt. Es ist ein herrlicher Tag. Sie haben brütende Möwen beobachtet und sind dabei von zappeligen, jähzornigen Seeschwalben angegriffen worden. Zu lustig, wie der Vati den Kopf einzog. Er schien direkt Angst vor den kleinen Schwälbchen zu haben.

Nun haben sie Kaffeedurst und wollen an Bord zurück. Alles ist friedlich und heiter, kein Wölkchen verunziert den kobaltblauen Himmel, und sie lachen und scherzen, weil Gustaf, der den Moses sonst immer wriggt, mit dem Beibootriemen beim Pullen „Krebse fängt".

Julchen ist noch sehr lütt. Sie kommt erst nächstes Jahr zur Schule. Frieda muß mächtig aufpassen, daß sie keine Dummheiten anstellt — aber man kann die Augen nicht überall haben. Und so ein quirliges Balg hat dauernd Faxen im Kopf. Jetzt hat Julchen ihren Platz auf der achteren Ducht neben Frieda verlassen und krabbelt zwischen Gustafs Beinen auf den Fußbodengrätings herum.

„Was sucht du da?" fragt Frieda beiläufig — sie ist mit ihren Gedanken schon beim Kaffeekochen.

„Och", brummelt Julchen, „hier ist so was Rundes."

Frieda hört nicht genau hin, und Gustaf ist zu sehr mit der Navigation beschäftigt — wer kann schon gleichzeitig nach rückwärts und vorwärts gucken, und das muß man beim Pullen nun mal. Ihn stört Julchens Gekrabbel zwischen den Beinen. Aber ein kluger Vater lernt solche Unbill schweigend ertragen. Deshalb läßt er das Kind gewähren und hebt die Riemen etwas an, um nicht an Julchens Kopf zu bumsen.

Plötzlich zerreißt ein mörderischer Schrei aus Julchens Kehle die friedliche Stimmung der maritimen Idylle. Ein paar Mö-

wen verlassen erschrocken ihre Stammplätze auf den Dalben — alle Achtung, sie haben noch nie ein Kind lauter und möwenähnlicher schreien hören.
Frieda wird jäh aus ihren Kaffeeträumen gerissen. Herrjeh — was hat das Gör wieder angestellt. Julchen schreit gellend in ungewohnt hohen Diskanttönen. Gustaf beugt sich besorgt über das Häufchen Unglück zu seinen Füßen.
Der Moses wird unterwärts feucht. Julchen preßt die kleine Pfote irgendwo drauf. Zwischen ihren Fingern sprudelt grünes Schleiwasser in steilen Fontänen hoch. Sie hockt im Nassen — Bilgewasser schwappt im schwankenden Nachen hin und her. Der Moses hat plötzlich irgendwo ein Leck, und Gustaf und Frieda ziehen die Beine an, um trockne Füße zu behalten.
Frieda reißt Julchen in die Höhe. Dort, wo Julchens Hand das Leck verstopfte,

schießt ein dicker Wasserstrahl durch die Planken. Aha, Julchen hat den Spund aus dem Schiffsboden gepult — ein schöner, dicker Proppen von einer Cointreau-Flasche, mit einem Griffrand obendran zum Anfassen. Nun ist ihr der Korken unter die Ducht gerollt, und blankes Wasser schießt durch den Fußboden und bringt den Moses fast zum Absaufen.
Frieda reagiert mit hysterischem Geschnatter. Julchen brüllt wie am Spieß. Aber Gustaf wird zum Kapitän! Mit staunenswerter Gelassenheit setzt er den Fuß fest auf das Loch und schreit der kopflosen Frieda zu, sie solle den verd ... Spund suchen. Dann greift er zum Ösfaß, um die Bilge zu lenzen. Dabei geht ein Riemen außenbords, und Gustaf muß jetzt den anderen Riemen als Stechpaddel benutzen, um den Ausreißer aufzufischen. Dabei fährt er lustige und ungewollte Kreise. Er findet nicht mal Zeit, Julchen eine runterzuhauen, was sie doch bestimmt verdient hat. Frieda macht derweilen ein beleidigtes Gesicht.
Es dauert zehn Minuten, bis sie endlich an der Brücke anlegen, wo das Hafenvolk sie grinsend erwartet. „Na, Gustaf, Woter hett keene Balken, blief man lewer an Land“ und so weiter.
Frieda zieht gekränkt die Schultern hoch und verschwindet — das immer noch leise schniefende Julchen an der Hand — in Richtung SINDBAD.
Gustaf bindet seinen Moses an. Als er an Bord erscheint, zischt Frieda ihn an: „Es ist eine Schande, wie du uns blamierst.“
—— ??——
„Nicht mal mit dem Beiboot kannst du richtig umgehen. Einfach lächerlich.“ Und zu Julchen gewandt fügt sie hinzu: „Komm, mein Kind, wir gehen jetzt auf die Mole. Mit Vater ist heute nicht zu reden.“
Gustaf ist platt: Da hört sich doch allens auf. Dat is doch wahrhaftig eine Schande, wie de Frunslüd mit ein umgehn.
Er ist so perplex, daß ihm das donnernde Gewitter in der Kehle stecken bleibt. Das einzige, was sich seiner gequälten Vaterbrust entringt, ist ein verächtliches Grunzen: „Weiber!“

Safety first

Gustaf hat Grundsätze. Frieda auch. Dummerweise sind es nicht dieselben, wodurch sich Julchens Erziehung mitunter etwas schwierig gestaltet.
Zur Zeit besteht das Problem in Gustafs und Friedas divergierenden Ansichten über Teenagerbekleidung. Früher ging es um die heiß (und natürlich in Julchens Gegenwart) diskutierte Frage, ob der kleine Fritz von nebenan der richtige Umgang für ein so sensibles Kind wie Julchen war. Und vor einigen Jahren stritt man sich darüber, ob und bei welcher Gelegenheit Julchen eine Schwimmweste zu tragen hätte.
So wandeln sich die Motive — aber der Streit bleibt. Dabei gerät das arme Julchen unversehens in das elterliche Spannungsfeld, in dem es — je nach der stets wechselnden Lage — mal nach rechts und mal nach links gezogen wird. In der Schwimmwestenfrage, zum Beispiel, vertrat Gustaf energisch die Auffassung, am Ufer drohten die weitaus größeren Gefahren, während Frieda das Leben an Bord für gefährlicher hielt.
Bei so gegensätzlichen und temperamentvoll verteidigten Standpunkten konnte eine Einigung natürlich nicht erwartet werden. Deshalb lief das schwitzende Julchen in der entscheidenden Phase ihrer weiblichen Reife zu Wasser und zu Lande mit einer braunen, kapokgefüllten Schwimmweste umher, wodurch sie mehr einem hypertrophierten Badeschwamm als einem siebenjährigen Mädchen ähnelte.
Da die panische Furcht der Eltern vor Julchens frühem Wassertod dem Kind die Lust am Schwimmenlernen gründlich verdorben hatte, war von dieser Seite aus zunächst keine Änderung des Zustands zu erwarten. Aber Julchen verstand es meisterhaft, sich mit den maritimen Unbequemlichkeiten zu arrangieren und obendrein noch Kapital aus ihrer mieslichen Lage zu schlagen.
Kaum daß die Familie am Bootshafen angekommen war, streifte Gustaf ihr schon

das sperrige Monstrum über. — Julchen schrie wie am Spieß: „Ich will auf dem Steg aber keine Weste tragen, huhuhh, die Kinder lachen mich alle aus, huhuh, ich spiel doch nur auf dem Rasen!" — Worauf der Vater (das gehörte zu den Spielregeln) ein Eis zu spendieren und ein weiteres in Aussicht zu stellen hatte, falls Julchen bis zu SINDBADS Auslaufen ihr Schicksal ohne Murren ertrug.

Jetzt war die Zeit für Friedas Auftritt gekommen. „Da kann man mal sehen, was du für ein Sadist bist", sagte sie „das Kind unnütz mit der dicken Weste zu quälen. Wo Juliane (!!) doch nur auf dem Rasen spielen will."

Gustaf sagte darauf (laut Drehbuch): „Quatsch! Keine Widerrede — die Weste bleibt an. Seefti först!" Und Julchen „verspies" ihr zweites Eis.

Wenn die SINDBAD abgelegt hatte, schlüpfte Julchen mit Gustafs Hilfe rasch aus dem Kapokdings. Aber nun kreischte Frieda los: „Sofort ziehst du die Weste an. Huch meine Nerven — ich halte das nicht aus. Ich seh' das Kind schon im Bach."

„Nu blas man die Luft ab, Alte", sagte Gustaf, „was kann dem Kind in dem tiefen Cockpit denn schon passieren. Wo ich doch daneben sitze. Und die Seereling ist auch noch da." — Aber schon hatte Frieda dem Töchting die Weste mit raschem, energischem Griff wieder umgeschnallt, und Julchen startete ein neues Heulkonzert, diesmal — der besseren Wirkung wegen — leise, herzzerreißend und mit fiependem Nebenton. — „Komm, nun sei brav, mein Kind", sagte Frieda jetzt, „du kriegst auch fünfzig Pfennig, wenn wir in Möltenort sind."

Fünfzig Pfennig — das war die Sache wert. — Julchen schluchzte zur Tarnung noch ein paarmal. Aber dann zeigte sie ihrer Puppe Sophia, wie ein Palstek gemacht wird, und sie vergaß rasch das Dings um den Bauch. Sie war es auch nicht anders gewöhnt. Sie hätte auch keine Flunsch gezogen, wenn die Eltern sich nicht immer über das Wann und Wo gestritten hätten. Aber so ist das nun mal mit der Kindererziehung.

Als die SINDBAD in Möltenort angelegt hatte, ging die Kabbelei wieder los: War Julchen nun an Land oder auf dem Schiff? Julchen — nunmehr im Besitz von zwei Eis und 50 Pfennigen — machte dies Problem noch verzwickter, indem sie wie ein Pingpongball zwischen SINDBADS Vorschiff und dem Steg hin und her hüpfte. — Die Eltern entschieden sich unter diesen Umständen in seltener Einmütigkeit *für* die Weste. — Julchen aber plärrte, weil sie gerade das Gegenteil hatte demonstrieren wollen, denn ihrer kindlichen Logik zufolge war sie weder am noch auf dem Wasser. Sie schwebte sozusagen in der Luft, und in der Luft brauchte man keine Westen.

Jedoch Gustaf und Frieda riefen unisono: „Die Weste bleibt an", und Julchen startete zur Eisbude am Ehrenmal, um ihren Erpresserlohn zu verjubeln.

Die Kieler Förde lag still und blau. Die Sonne stach hart von der unbewölkten Himmelskuppel. Kein Lufthauch kräuselte das vom Masut opalisierende Hafenwasser. Es stank intensiv nach totem Fisch — Julchen lutschte ihr Eis; Frieda klapperte in der Kombüse; Gustaf schwitzte an Deck.

„Komm“, sagte er, „wir gehen an den Strand, da ist es etwas luftiger.“ — „Aber nicht in diesem Aufzug“, sagte Frieda und langte Gustaf ein weißes Hemd und die neue Leinenhose nach draußen. Dann schälte sie Julchen aus ihren bruchsicheren Verpackung und zog ihr ein buntes Kleid an.

„Aber mit der doofen Weste geh ich nicht los“, plärrte Julchen und wischte sich mit klebrigen Eisfingern die Augen. — „Nein“, sagte Frieda, „brauchst du auch nicht. Wir gehen ja an Land spazieren. Vielleicht spendiert Vati ’ne Coca.“

„’Ne Coca, hurrah“, rief Julchen und kletterte an Deck. — „Aber sieh dich vor“, sagte Gustaf, der gerade seine Hosen wechselte. — „Ja“, rief Frieda, „warte, bis ich dich an Land hebe.“

„Och — “, sagte Julchen. Aber da machte es bereits „Platsch“. Gleich darauf gellte ihre hohe Fistelstimme über das stille Rund des Hafens: „Hiiilfe, Hiiilfe!“

Gustaf — die Hose noch in den Kniekehlen — machte einen Panthersprung zur Reling, legte sich auf den Bauch und fischte seine Tochter mit dem Bootshaken auf. — Frieda jammerte: „Huch — das neue Kleid! Meine Nerven halten das nicht aus“ und erklomm, Julchens Bademantel über dem Arm, hastig den Niedergang.

Aus dem Spaziergang wurde natürlich nichts. Aus der Coca auch nicht. Dafür wurde das heulende Julchen warm verpackt in Friedas Koje verstaut, denn wie leicht konnte so’n Kind sich dabei was wegholen.

Während Frieda Julchens nasse Plünnen auswrang und zum Trocknen aufhängte, starrte Gustaf nachdenklich ins Weite. Man mußte etwas erfinden, das ... ach was, Quatsch ... *Schwimmen* mußte die Rotznase lernen. Und er beschloß, es der Tochter selbst beizubringen. Gleich heute nachmittag wollte er den ersten Versuch machen. Notfalls mit Gewalt, das war ja noch schöner.

„Auch das noch“, stöhnte Frieda, als er ihr seinen in einsamer Höhe gefaßten Entschluß mitteilte, „das überstehe ich nicht. Das arme Kind! Und jetzt auch noch Schwimmen!“ Dann kochte sie erstmal Kaffee, denn der Schreck war zu groß für sie gewesen.

Aus der Koje schniefte Julchen: „Und die Coca hab’ ich auch nicht gekriegt.“

Umzug

Ein atavistischer Wandertrieb veranlaßt seit Urzeiten die Menschen, hin und wieder ihre heimatlichen Weideplätze und Fischgründe zu wechseln. Heutzutage nennt man das „Wohnungswechsel". Aber es ist viel mehr als nur das Wechseln einer Wohnung — die Unruhe der Wikinger steckt dahinter oder das Hirtenblut nomadischer Vorfahren.

Auch Gustaf hat seine alte Umgebung satt und prüft im GENERALANZEIGER den Wohnungsmarkt. Frieda verfolgt seine Bemühungen mit einiger Besorgnis. Aber sie kann sich dem Argument, daß Julchen größer geworden ist und ein eigenes Zimmer braucht, trotz mancherlei Bedenken nicht ganz verschließen. Mal abwarten, was der Skipper wieder ausheckt.

Gustaf hat sich derweilen auf dem Markt umgetan und drei Wohnungen in die engere Wahl gezogen. Er hat sich vertraut gemacht mit so fremden Begriffen wie: verlorener BKZ, Einlage, Abstand, Mietvorauszahlung und Arbeitgeberdarlehn. Nun besichtigt er mit Frieda die angebotenen Objekte.

Wohnung Nr. 1 und 2 liegen dicht an der Förde, Wohnung Nr. 3 am Rand des Russeer Geheges in herrlicher Waldlage. Aber die scheidet als erste aus, denn Gustaf hat etwas gegen Waldlage. Sie erinnert ihn penetrant an Spazierengehen, Kinderwagenschieben und grünes, unabgelagertes Holz. Über die anderen beiden Objekte läßt sich eher reden. Nr. 1 liegt im Hochparterre, hat Zentralheizung und schließt Vorgartenbenutzung ein. Frieda ist besonders auf den Vorgarten scharf, der mit Solnhofener Platten gespickt ist und „ordentlich was herzeigt."

Gustaf plädiert indes mit verdächtiger Beredsamkeit nachdrücklich für das Objekt Nr. 2. Frieda kann das überhaupt nicht verstehen, denn diese Wohnung liegt im 2. Stock, hat Ofenheizung, und die Zimmergröße unterschreitet sogar noch die Mindestmaße des Sozialen Wohnungsbaus. Dabei ist sie nur zehn Mark billiger als

das Vorgartenidyll, und was sind heutzutage schon zehn Mark.
Doch Gustaf bleibt mit eisenharter Dickköpfigkeit dabei, zehn Mark seien zehn Mark, und man müsse sparen, wo man könne, und ein Vorgarten sei sowieso Quatsch. Und er begründet das mit gestenreicher Rabulistik. Frieda weint den ganzen Abend, aber es gelingt ihr nicht, den Skipper umzustimmen. Vorgärten sind nun mal Quatsch. Und zehn Mark sind viel Geld, besonders wenn man es nicht hat (wie Gustaf). Basta! Nr. 2 wird gemietet, und am 1. September wird umgezogen.

*

Die Familie lebt jetzt in der neuen Wohnung. Der Herbst hat seinen Einzug gehalten, und die Tage werden kühler. Man muß heizen. Frieda ärgert sich, weil sie die Kohlen aus dem Keller hochschleppen muß. Wenn sie an den Vorgarten denkt, kommen ihr die Tränen. Sie kann sich beim besten Willen nicht erklären, weshalb der Skipper diese blöde Wohnung vorgezogen hat. Sie kennt ihren Gustaf zu gut, um nicht zu wissen, daß die zehn Mark Mietunterschied es nicht sein können. Nein — nie und nimmer. Aber was sonst?

Anfang November weiß sie es. Da gehen nämlich die Schiffe an Land. Und Gustaf rückt trocken und ganz beiläufig damit heraus, daß der Hauswirt Sauerbier damit einverstanden ist, wenn Gustaf — gegen eine monatliche Zahlung von zehn Mark — seine SINDBAD unten im Hof neben dem Sauerbierschen Werkstattschuppen aufpallt. Und die Werkstatt darf er auch mitbenutzen. Denk mal, wie günstig das ist. Und rein zufällig hat sich das ergeben.

Die Kapitäneuse meint, sie höre nicht recht. Dann wird sie füünsch, denn sie glaubt nicht an Zufälle (und schon gar nicht an solche). „So ist das also. Das hast du wohl eben erst — ganz zufällig — erfahren, nicht wahr?“ Und dann quellen die Tränen, und Frieda läuft über: „Huhuu. Und ich dumme Gans falle auf so etwas herein! Nun kann ich Kohlen schleppen und auf den dämlichen Hof starren. Und alles nur wegen dem ollen . . . Mistkahn. Und weil du so gemein bist, huhuu!“

Bei „Mistkahn“ hat Gustaf abgeschaltet. So etwas überhört ein feiner Mann. Er knallt mit der Tür und verläßt das Haus, um mit dem Spediteur wegen des Tiefladers zu verhandeln. Und nachmittags fegt er lustig pfeifend den Hof für SINDBAD, während Frieda am Fenster steht und sich die Nase schneuzt.

Warum soll er auch nicht pfeifen, der Gustaf. Er hat es doch geschafft! Wonach er sich seit vielen Jahren insgeheim sehnte, ist jetzt Wirklichkeit geworden: das Schiff neben dem Haus. Nun sind die Sonntage gesichert. Der Winter ist gerettet. Selbst abends kann man mal kurz in SINDBADS Bauch verschwinden. Was bedeutet da schon das bißchen Kohlenschleppen. Das macht er mit der linken Hand. Hat er dadurch doch einen Grund mehr, runterzugehen. Und er wird auch Teppiche klopfen, was er sonst wegen seiner rheumatischen Schulter stets abgelehnt hat. Und Mülleimer nach unten tragen — am liebsten dreimal täglich. Und das alles nicht etwa nur, um seiner SINDBAD im Vorübergehen verstohlen die Flanke zu klopfen, nein — so ein Schiff wirkt geradezu erzieherisch. Frieda wird das schon noch merken!

Na, und dann der herrliche Blick von oben ! Erst aus der Taubensperspektive entdeckt man so richtig die klassischen Linien des alten Dampfers und die bestechend schöne Wölbung des Spitzgatts. Gustaf wird ganz traurig, wenn er an den Sommer denkt. So gut hat er es dann nicht mehr. Vom Bett aus seinem Schiff einen liebevollen Blick zuwerfen zu können — ja, das ist wirklich echte Wohnkultur. Und ganz umsonst.

Es tropft

Gustaf fährt in die Höhe: Wolkenbruchartiger Regen pladdert an Deck, und der böige Südwest neigt SINDBAD vor dem kahlen Mast auf die Seite. Gut, daß sie dies Wochenende nur nach Laboe gesegelt sind. Da liegt man geschützt und kommt zur Not unter Maschine nach Kiel zurück.
„Tipp" macht es auf Gustafs Stirn. Und dann noch einmal „tipp". Gustaf wird munter. Es wird doch nicht durchgeregnet haben? Er greift an den Decksbalken über seinem schlafumwölkten Schädel: naß. Er faßt ans Kopfkissen: naß. Auch das Laken ist naß und der Schlafsackrand.
„He, Frieda", ruft Gustaf, „es regnet durch!" Frieda murmelt im Schlaf etwas, das so ähnlich klingt wie: „Nu, wenn schon."
Aber Gustaf ist jetzt hellwach. Mit Feudel, Handtuch und eiserner Energie versucht er vergeblich, den Schaden zu beseitigen. Dann stopft er von unten Baumwolle hinter den Decksbalken. Mal sehen, ob das hilft. — Es hilft nicht.
Am Dienstag motort er nach Feierabend zu Krischans Bootswerft. Krischan kratzt sich am Schädel, klopft mit dem Zeigefingerknöchel an den Kajütaufbau und pult mit der Spitze seines Marlspiekers etwas Glue aus den Decksnähten. Wie alt die SINDBAD ist, will er wissen. — Alt? Gustaf weiß es genau, aber er ziert sich. Es ist wie mit Mädchen — nach dem Alter fragt man nicht.
„Och, so um die Zwanzig", sagt er zögernd. Krischan, der in solchen Dingen Erfahrung hat, verdoppelt das und ist jetzt im Bilde.
„Du brauchst ein neues Deck", sagt er, und Gustaf zuckt zusammen. „Wieso", fragt er, „das Deck ist doch erst vor drei Jahren kalfatert worden."
„Na bitte!" brummt Krischan. An der Kalfaterung liegt es eben nicht. „Dein Deck ist rott", fügt er hinzu, „und in den Decksbalken sitzt die Trockenfäule."
„Das hast du dir ja fein ausgedacht", sagt Gustaf, der wie alle Schipper eine panische

Angst vor dem Übersohrgehauenwerden hat. Er hält alle Werftbesitzer für potentielle Ausbeuter, und er sagt es ihnen auch. „Denn laß dir man weiter auf den Kopf tropfen", sagt Krischan, und er wendet sich anderen, lohnenden Objekten zu.
Gustaf weiß, was er zu tun hat. Er polkt den spröde gewordenen Glue aus dem Laufdeck, donnert zwei Bund Baumwolle in die Nähte und quetscht mehrere Tuben Regenleistenzement in die Rillen. Dann gießt er ein paar Pützen Fördewasser über sein Werk — und siehe da: das Deck ist dicht.
Doch schon der nächste Dauerregen beweist die Unvollkommenheit allen irdischen Tuns — es tropft erneut, und zwar mehr als je zuvor. Gustaf reißt die Viertelstableisten vom Kajütaufbau, bettet sie sorgfältig in heißgemachtem Aquariumkitt und würgt das Ganze mit neuen Messingschrauben fest. — Es tropft etwas weniger, aber es tropft.
Gustaf verschraubt von innen die Decksschlinge neu mit der Stirnwand der Kajüte und wartet auf den nächsten Regen. Dann nagelt er, als auch diese Prozedur nicht hilft, mit Kupferteksen einen schö-

nen langen Bleistreifen von außen über die Naht.

Mehr kann er wirklich nicht tun, der Gustaf. Er hat viele Wochen damit zugebracht, der Sommer ist vorbei. Frieda mault, und die Kameraden flachsen: „He Gustaf, schön anmalen, die SINDBAD, und dann beim Feuerturm versenken."

Fast möchte er ihrem Rat folgen. Das ewige Tropfen macht ihn nahezu verrückt. Er hat leere Konservendosen unter Deck aufgehängt und Waschschüsseln aufgestellt, aber der Regen sucht sich täglich neue Bahnen, und alles ist naß wie ehedem.

In seiner Verzweiflung ruft er Krischan an und fragt nach dem Preis für ein neues Deck. Nach diesem Telefongespräch läuft er eine Woche mit rotem Kopf und grimmig verzerrtem Gesicht umher. Und er flucht auf Krischan, SINDBAD, Frieda und den vielen Regen in diesem Jahr.

Aber dann kommt ihm eine Erleuchtung: Er nagelt eine Hartfaserplatte als Regenabweiser von unten gegen die Decksbalken. Es ist fast wie Zauberei — es tropft jetzt nicht mehr. Jedenfalls nicht mehr auf Gustafs Kopf. Wohin der Regen rinnt, ist ihm egal — Hauptsache ist, er sieht ihn nicht mehr.

So geht das drei Wochen. Gustaf wird von Tag zu Tag mürrischer. Wo mag der Regen bloß hinsickern? Solange man seinen Weg verfolgen konnte, wußte man wenigstens, wie man dran war. Aber so . . . ?

Nach dem Absegeln bindet Gustaf seinen Dampfer bei Krischans Werftsteg an. Krischan steckt den Kopf aus dem Fenster seines winzigen Büros und grinst. Na also!

Abends brütet Gustaf über Krischans Kostenvoranschlag, dessen beängstigende Höhe ihm den kalten Schweiß über den Rükken jagt. Frieda wird sich in diesem Winter bannig einrichten müssen mit dem Wirtschaftsgeld. Und auch für Weihnachten sieht es trübe aus.

Tschä, dat Leben is wirklich hart. Doch wat mutt, mutt.

„Lotte ahoi"

Freunde, haltet euch fest — Gustaf hat sich ein Auto gekauft! Es hat einen ziemlichen Krach mit Frieda gegeben, die meinte, eines könne man nur: Segeln oder Autofahren. Aber Gustaf hat gesiegt. Wer hätte auch daran zweifeln wollen; was der Skipper sich einmal in den Kopf gesetzt hat, führt er durch. Und diesmal ist es eben das Auto.

Es handelt sich um einen ziemlich klapprigen VW mit einem Tachostand von 97 000 (Heini fragte hämisch, die „wievielten" 97 000 es wären). Aber es ist immerhin ein Auto und laut Auskunft des Verkäufers für den Stadtverkehr genau das richtige Vehikel. Der Verkäufer muß es schließlich wissen.

„Mann, wozu brauchen wir ein Auto?" hat Frieda entsetzt gefragt, als Gustaf zum ersten Male die Autoplatte auflegte. — „Zum Segeln", sagte Gustaf und dachte dabei an die ewige Schlepperei und den umständlichen Weg zum Hafen. Frieda glaubte nicht recht zu hören. Zum Segeln brauchte Gustaf ein Auto? „Ich denke, zum Segeln braucht man ein Boot."

„Quatsch", sagte Gustaf und nahm einen neuen Anlauf, um Frieda diese verzwickte Männerlogik zu verklaren. „Süh ma, mein Schnuckipuck, is doch ganz einfach: Autofahren kanns auch ohne Boot. Aber zun Segeln brauchs nu ma ein Auto. Hest dat kapeert? Nee? Na, mach dscha nix."

„Typisch Mann", dachte Frieda. Und sie beschloß, das Auto ebenso zu hassen wie alles, was Geld kostete und dem Segeln diente.

Doch Gustaf hat das Auto auch ohne Friedas Segen gekauft. Klein büschen von'n Weihnachtsgeld abgezweigt, klein büschen Lohn auf Seite gelegt, klein büschen auf Pump. Scheun suutje und ohne viel Gedöns. Und nun steht die „Lotte" vor der Tür, und Gustaf hat dauernd was am Hafen zu erledigen. Zu Friedas großem Ärger sind die Hafenbesuche seitdem nicht kürzer, sondern länger. Das muß ein seltsames Auto sein, denkt sie; es verlängert

die Wege anstatt sie zu verkürzen. Gustaf aber strahlt!
Ein Auto ist ein Auto, sollte man meinen. Ein Transportmittel — nichts weiter. Doch Gustaf ist anderer Meinung: Für ihn ist ein Auto (jedenfalls das eigene) ein auf dem Land rollender Kahn. Büschen eng unter Deck, aber dafür bannig snell.
Von einem der Vorbesitzer ist noch eine Antenne vorhanden. Sie ist völlig nutzlos, da das dazugehörende Radio fehlt. Denkste — Gustaf fährt die Antenne aus und knüpft oben einen seidenen Vereinsstander dran, damit er sehen kann, wie hoch der Pott an den Wind geht. Das Ergebnis ist sensationell. Von der SINDBAD nimmt er den kleinen Kursmonitor und klebt ihn an die Windschutzscheibe. Man muß schließlich wissen, welcher Kurs anliegt. Kann dscha ma Nebel geben. — Sein Abschleppseil ist ein makelloses Stück maritimer Plattingtechnik mit Augspleiß, Messingkauschen und korrekt aufgenähten Taklings. Die Werkzeugtasche enthält neben dem üblichen Gedaddel auch Kalfateisen, Marlspieker und Schäkelöffner. Und das Steuerrad hat er mit Schiemannsgarn betakelt wie das Griffstück von SINDBADS Pinne. Die vier Quadranten ziert ein weiß gepönter Türkischer Bund.
Da ihn Beulen an der Außenhaut stören, würde er am liebsten beim Parken ein paar Fender ausbringen. Man könnte sie am Gepäckträger festmachen, der Lottes Dach wie eine Seereling schmückt. Aber Julchen lachte ihn aus, als er davon anfing. Dafür setzte er dann, eine Handbreit über den Trittbrettern, fein säuberlich mit Tesaband einen Wasserpaß ab. Sozusagen als Entschädigung für die Fender. Und die Kajüte wurde erst durch ein paar Kissen in den Vereinsfarben richtig wohnlich. Und am Heck prangte in Messingbuchstaben der Name „Lotte."
Seine Art Lotte zu bewegen, ähnelt mehr der eines Barkassenführers als der eines Autolenkers. Wer gibt denn auch schon „dreimal kurz", wenn er den Rückwärtsgang einlegt. Während die norddeutschen Autofahrer bislang nur bei Nummernschildern aus Pinneberg und Segeberg das Zittern kriegten, hat Gustaf es in wenigen Wochen fertigbekommen, auch die Kieler Buchstaben in Mißkredit zu bringen. Und das nur, weil er glaubt, mit 1/3 Dauergas könne er Lottes Benzinverbrauch dem der SINDBAD anpassen, deren 4-PS-Brummer sich bei 800 U/min mit drei Litern Sprit zufriedengibt. — Kein Wunder, daß er überholenden Fahrzeugen dauernd im Wege ist, zumal er peinlich darauf achtet, während des Überholmanövers „Kurs und Geschwindigkeit" beizubehalten.
Neulich, als er mit Backstagswind und 30 Sachen genüßlich das Hindenburgufer entlangklüste, blieb Lotte plötzlich stehen. Sie hatte sich dem Vordermann, der überraschend bremste, auf Tuchfühlung genähert. Ein paar Beulen und eine verbogene Stoßstange, sonst nichts. Aber der Macker vor ihm war mächtig in Braß. Wo Gustaf denn seine Augen hätte, verdammt nochmal. Hätte er vielleicht sein Bremslicht nicht sehen können?
„Pedd di man nich op'n Slips", sagte Gu-

staf, „dats dien egen Schuld. Wat muss du ok bremsen!“ Und er erklärte dem Vordermann Sinn und Bedeutung des Paragraphen 1 der Straßenverkehrs-Ordnung.
Der Macker war böse. Wo Gustaf denn seine Augen gehabt hätte. „Dor“, sagte Gustaf beleidigt und wies 8 Strich an Steuerbord auf das herrliche Bild der OLYMPIC STAR, die auf der Binnenreede am Kompensieren war und dabei mit schäumender Schraube um die Kette schwojte. „Eent kann ick schließlich blots, na vörn oder na de Siet kieken.“ Wozu wäre denn das Hindenburgufer angelegt? Doch wohl der Schiffe und des Ausblicks wegen. Und wer keine Schiffe sehen

wollte, sollte besser die Feldstraße entlangfahren oder die Holtenauer Straße. „Dor kanns ok bremsen, soveel as du lustig büst.“
Nach diesem Dialog trennte man sich im Unfrieden.
Ja, so ist das mit Gustaf. Seitdem er diesen klappernden Stinkkasten fährt, hat seine gepflegte Kinderstube einen Knax bekommen.
Aber das dauert ja nicht ewig. Die Statistiker haben ausgerechnet, daß ein neuer Autofahrer nur sieben Jahre braucht, bis er sich der veränderten Situation des Straßenverkehrs angepaßt hat. Und zwei Monate sind ja schon rum.

Dialog

Gustaf fischte die Schot aus dem Wasser und holte die Lose durch — das Schiff stand. Die Dünung ließ den Baum hin- und herschlagen, die Blöcke klapperten nervös auf Deck, die Dirk klatschte gelangweilt gegen das Achterliek. — SINDBAD drehte sich in der Flaute um die eigene Achse, so daß die Schleimünder Baumgruppe am Horizont in weitem Bogen auswanderte.
Frieda hatte sich auf der Koje langgemacht — die Hitze bekam ihr immer so schlecht.
„Mist", knurrte Gustaf, „verdammte Treiberei! Kein Ruder im Schiff."
„Vati . . .", sagte Julchen, die neben dem Skipper lustlos ihre Angelschnur in den Bach hängte.
„Hm —".
„Vati, warum machen wir das eigentlich?"
„*Was* machen wir ‚eigentlich'?"
„Na so . . ."
„Also *was* machen wir?"
„Na ja — warum *segeln* wir?"

Gustaf blickte sein Töchting verdutzt an. Was wollte das Kind mit dieser dämlichen Frage? Warum sie segelten? — „Weil wir eben segeln!" — Damit war der Fall für ihn erledigt.
„Vati . . ." — Julchens Stirn krauste sich

vom angestrengten Nachdenken, „macht dir das wirklich soviel Spaß? — Ich meine, weil du immer dabei schimpfst."
Wer schimpfte? — „Ich und schimpfen? Du träumst wohl!"
„Aber Vati, du sagst doch immer „Mist" und „Schiet", ob es nun zu viel weht oder zu wenig. Wie kann dir das Segeln dann Spaß machen?"
„Und was sollen wir deiner Meinung nach statt des Segelns tun? — Radfahren? Oder vielleicht im Wald spazieren gehen?"

„Susi fährt mit ihren Eltern immer zum Camping.“
Kämpink! Also das war’s. Das Gör war wohl mall. — „Wer hat dir den Quatsch eingeredet? Da steckt deine Mutter sicher hinter. Für so was haben wir kein Geld.“
Kein Geld? Das leuchtete Julchen nicht ein. — „Wieso haben wir kein Geld? Verdient Susis Vater als Klempner denn mehr als du?“
„Nein“, sagte Gustaf gereizt, „er verdient nicht mehr, aber eins kann man eben nur — segeln oder mit dem Zelt herumkutschen.“ — Das war doch wieder mal so eine Laune von dem Balg. — „Sag bloß, dir würde sowas Spaß machen. — Kämpink! So’n Quatsch!“
„Och —“, sagte Julchen. Den Rest dachte sie sich.
„Was heißt „och“?“ — Gustaf wollte es jetzt ganz genau wissen. „Also du möchtest lieber im Zelt hocken?“
„Na ja — kann ja auch was anderes sein.“
„So, so — lüttje Sommerreise nach Mahlorka, nich? Und wer soll das bezahlen?“
„Aber Vati, du beklagst dich doch immer darüber, daß das Segeln soviel kostet. Das können wir dann ja sparen.“
„Dumm Tüch!“ Gustaf war so böse. daß er nur noch Platt sprechen konnte. Trotz Friedas Verbot, die Platt für vulgär und schädlich für Julchens Bildungsstand hielt. — „Spoarn — wenn ick dat all heur!“ — Als ob die Segelei billiger würde, wenn man mal ’ne Landpartie machte. Oder meinte die dumme Range gar . . .? — Der Gedanke war Gotteslästerung, doch wer kannte sich bei den Weibern aus. — „Dat Schipp verkeupen, nöch?“ — Gustaf stellte die Frage leichthin, es klang ganz harmlos.
„Warum nicht“, Julchen fiel prompt darauf rein — „oder willst du etwa für den Rest deines Lebens auf dem Wasser herumfahren?“
„Ick?“
„Na, wer denn sonst, Vati. *Wir* tun das doch nur deinetwegen, und . . .“
„Halt stopp“, bremste Gustaf. „sag das noch mal! Ihr segelt nur meinetwegen? Ihr segelt seit 14 Jahren nur meinetwegen? Andere Kinder beneiden dich — aber du machst dir nichts daraus. — Und so was will *mein Kind* sein!“
„Aber Vati, nun sei doch nicht wieder füünsch! Sag doch — was ist denn schon Besonderes an dem langweiligen Kram. Passieren tut hier doch gar nichts. Nicht mal Musik dürfen wir unterwegs einschalten.“
„Frieda, hörst du das?“ — Gustaf konnte nicht anders, er mußte Verstärkung anfordern. — „Hast du gehört, was deine Tochter sagt?“ rief er unwirsch in das Halbdunkel des Niedergangs.
Von unten antwortete eine schläfrige Stimme: „Sind wir schon in Schleimünde?“
„Ich habe dich gefragt, ob du gehört hast, was deine Tochter gesagt hat!“ wiederholte Gustaf seine Frage mit der gebotenen Strenge.
„Wieso *meine* Tochter“, sagte Frieda.
Typisch Frieda. „Also, ob nun *meine* oder *deine* — sie mag jedenfalls nicht mehr mit uns segeln!“
„Recht hat sie! Weck mich, wenn wir in

Schleimünde sind", antwortete die verschlafene Stimme. Sonst nichts.
Gustaf war sprachlos. Julchens Geplapper hatte ihn wie ein Keulenhieb getroffen, aber Friedas totale Teilnahmslosigkeit tat seiner Seele weh. — Das hatte man nun davon. Sein ganzes Leben hatte man geschuftet und gespart, um der Familie das Segeln zu ermöglichen. Und nun — es war ein vernichtender Schlag.
Während er verbittert vor sich hinstarrte, war Wind aufgekommen. Leichter Küselwind aus Nordost, der SINDBAD zum Laufen brachte. Die Schoten strafften sich, und am Steven fing es an zu klötern.
Julchen holte die Angel ein. „Vati — kann ich mal steuern?"
Gustaf spitzte die Lippen zu seinem gewohnten „Quatsch". Doch dann besann er sich eines Besseren und sagte: „Kloar, min Lütten, dat warr ja ok Tid, dat du dat liernst." — Er räumte den Platz am Ruder und zeigte der Tochter, wie sie mit der Pinne den wechselnden Zug der Schoten zu parieren hatte. Lernen würde sie es zwar nie, aber klein büschen Pädagogik konnte ja nicht schaden.
Julchen kriegte ordentlich rote Backen vor Aufregung. Vater hatte ihr zum ersten Mal die Pinne anvertraut. Das war doch ganz was anderes als immer nur die blöde Angelei. — „Na", sagte Gustaf, „wo geiht?"
„Prima, Vati — macht richtig Spaß!" — Julchen strahlte. Sie schien ihr vorangegangenes Gespräch mit dem Skipper völlig vergessen zu haben.
Gustaf sah das Mädchen von der Seite an. Hübsch sah Julchen aus und gar nicht mehr wie ein Kind. Junge, Junge — was hatte das Gör ihm mit der dummen Rederei zugesetzt. Ihm saß der Schreck noch in den Gliedern. Was das Volk sich manchmal so ausdachte.
Beim Einlaufen in den Schleimünder Tonnenstrich wurde Frieda dem Leben wiedergeschenkt. Während Gustaf die SINDBAD unterhalb der Giftbude festmachte, klapperte sie in der Kombüse. Als der Skipper mit dem Anbinden fertig war, stand der Kaffee auf dem Brückendeck. Propper wie immer, mit weißem Deckchen, Aschbecher und Blumenvase.
Die Sonne schien schräg ins Cockpit. Aus Gustafs Pfeife kräuselte blauer Schmok in zärtlichen Wolken gegen das blaue Sonnensegel. „Na, wollt ihr immer noch aussteigen?" fragte er jovial, wobei er seine Unsicherheit hinter breitem Grinsen verbarg. Man mußte den Stier einfach bei den Hörnern packen.
„Nee", sagte Julchen, „Vati, darf ich morgen wieder steuern?"
Gustaf fiel ein Stein vom Herzen. Also war doch alles nur Spaß gewesen. „Mal sehen", sagte er erleichtert, „aber es heißt nicht ‚steuern', sondern ‚Ruder gehen'." — Entweder war man Pädagoge, oder man war es nicht . . . Er war es jedenfalls. Ein geborener sogar.
„Ruder gehen . . .", wiederholte Julchen gehorsam. Frieda räumte den Kaffeetisch ab. Niemand sprach mehr vom Verkauf der SINDBAD. Konnte ja auch gar nicht anders sein. Schiff verkaufen — so'n Quatsch!

Bootsausstellung

Gustaf stopft Heini, die beiden Frauen und die Gören in seinen VW und fährt mit ihnen zur Bootsausstellung. Mal sehen, was es Neues gibt. Gustaf sagt: „Wat'n Quatsch, dat Volk mitzunehmen" und meint mit Volk die Frauen und Kinder. Doch das Volk ist anderer Meinung. Frieda sagt giftig: „Ach nee, aber zum Segeln sind wir gut genug." Und Julchen flötet: „Och, Papi (sie sagt sonst nie „Papi"), käufst du mir einen neuen Schnorchel?" Was soll er also machen, der Gustaf. Der Klügere gibt nach; aber ist er wirklich der Klügere? Ihm kommen dieserhalb gelinde Zweifel.

Auf dem Ausstellungsgelände angekommen erweist sich ein gemeinsamer Rundgang als undurchführbar. Die Kinder streben zu den Ständen für Angel- und Tauchutensilien; die Frauen bleiben bei der modischen Seglerbekleidung hängen; Gustaf und Heini heftet der technische Wissensdurst wie mit Heftpflaster an den ersten besten Motorenstand. Also trennt man sich. Die Männer rücken spendabel einen Geldschein raus, um „dat Gedöns" loszuwerden. Man verabredet sich zur Mittagsstunde an der Würstchenbude gleich links. Nun ist die Bahn frei.

Eine Zeitlang staunen Gustaf und Heini gemeinsam, doch dann erweist sich selbst diese Bindung als Hemmnis, denn Heini hat es mit den Motoren, während es Gustaf mehr zu den segelbaren Untersätzen zieht. Doch man bleibt zusammen, denn in dieser Wuling kommt sich der einzelne zu verloren vor. Also erst die PS und danach die KR.

Gustaf klopft mit dem Zeigefingerknöchel an den mahagoniglänzenden Bauch eines Pottes oberhalb der 100 000-DM-Schallmauer. „Prima Verarbeitung", sagt er. — „Tjä", sagt Heini, „für dat Geld direkt geschenkt."

„Ku'ma hier", sagt Gustaf in der nächsten Halle und zeigt auf einen stattlichen Seekreuzer, „mit Radar, Auto-Pieloht und Funktelefon." — „Worum nich", sagt

Halle 3
91

Heini, „ka'ma ümmer gut gebrauchen." Und er erkundigt sich nach dem Preis der Radaranlage und steckt einen Haufen Prospektmaterial in die Tasche.

Zwei Ecken weiter hockt eine mangelhaft verhüllte Titelblattschönheit auf dem Vorschiff eines chromglitzernden Motorschlittens. „Klasse, nich?" sagt Heini. — Gustaf weiß nicht, ob Heini die Dame oder den Untersatz meint und winkt geringschätzig ab. Diese Italiener! So was gehört auf eine seriöse Ausstellung eigentlich gar nicht hin. Aber er bleibt doch einen Augenblick stehen und kneift ein Auge zu. Kost ja nix.

„Mönsch — kiek di dat an!" — Heini zieht den Freund am Ärmel. Über das Gekrabbel auf dem Hallengrund erhebt sich wie ein Denkmal das schwarze Schanzkleid eines stäbigen Motorseglers. — „Fifer", sagt Heini. — „Nö, Banjer", sagt Gustaf. — Das ist ihre ganze Unterhaltung, aber sie verstehen sich sehr gut dabei.

„Möchst den habn?" fragt Heini. — Gustaf schüttelt den Kopf: „Büscha mall — veel to groot!" — Heini denkt an Roswitha, die sich beim Kochen auf der SEEMÖWE immer den Kopf am Decksbalken stößt, und sagt: „Mönsch . . . aber der Platz!" — „Na ja", lenkt Gustaf ein, „könn dscha ma fragn." — Sie fragen nach dem Preis und erbleichen. Für Gustaf ist damit der Fall erledigt. Der nächste bitte. Doch Heini gibt nicht auf. „Du, Gustaf", bohrt er weiter, „wenn nun Geld keine Rolle spieln tut, möchst ihn denn auch nich habn?" — Gustaf — eigensinnig wie immer — bleibt bei seiner Ablehnung. Sie streiten sich fast. „Mönsch, aber geschäänk nimms ihn doch?" — „Nee", sagt Gustaf, „nich ma geschänk." Und jetzt streiten sie sich wirklich.

Gott sei Dank werden sie durch die Katamarane abgelenkt. „Quatsch, nöch?" sagt Gustaf. — Heini, der immer schon fürs Moderne war, will wissen, weshalb. „Solln bannig schnell sein", ärgert er Gustaf ein wenig. — „Stimmt", meckert Gustaf, dem heute nichts recht zu machen ist, „op de Alster bi dwarsen Wind."

Heini ist beleidigt. „Wer'n doch aber wie doll gekauft", kontert er bissig. — „Mann in de Tünn", sagt Gustaf, „wo wiss'n damit in'n Olümpiahafen blots hin? Bedenk doch ma: diiie Breite!" — Heini überschlägt rasch die Liegeplatzgebühren und lenkt ein: „Has recht, ssu breit für uns." Und dann drängeln sie sich weiter durchs Gewühl.

An den vielen offenen und halbgedeckten Jollen und Yachten gehen sie rasch vorbei. „Wat's dat?" fragt Gustaf und zeigt auf ein Schild mit der Aufschrift DAYSAILER. — Heini weiß es. Er weiß immer alles, leider, der Klokschieter. „Deih Seihler —" erklärt er, „och, dat's so für nachmittags. Kanns mit de Olsch op Kaffee kochen." — „Schiet", sagt Gustaf trocken, „ober worum ‚Deih'?" — „Dat's Inglisch", sagt Heini, und sie gehen weiter. Gustaf dreht sich noch mal um. „Nee", sagt er, „möch da nich in sitzen!"

Ein bißchen länger bleiben sie bei den Kunststoff-Kreuzern stehen. „Ganz praktisch", sagt Heini, „aber viiel zu teuer."

— Auch Gustaf ist mißtrauisch: „Kanns keine Reparaturn selbs machn." — „Na ja", sagt Heini, „aber trockne Bilsch und dichtes Deck is auch wat wert." — „Nee", widerspricht Gustaf entschieden, „lieber laß' tropfen."

Hinter dem Beiboot-Stand müssen sie erst mal verschnaufen. „Also, son Schipp, as miene SINDBAD is, gifft dat hier gornich", quarrt Gustaf, dem die Füße weh tun. — „Nee", sagt Heini giftig, „denn hätts vor 40 Jahrn komm' müssn." — „Vor veertig Johrn?" sagt Gustaf gnatterich, „Dor hett dat noch gorkeen Bootsutstellungen gewen." — „Süh so", sagt Heini und nickt befriedigt mit dem Kopf. Der Hieb hat gesessen.

Sie haben die Manteltaschen mit Prospekten vollgestopft, um zu Hause alles noch mal in Ruhe nachzulesen. Was sie suchen, haben sie indes nicht gefunden. Zum Beispiel eine Hormonspritze, mit der man uralte Schiffe verjüngen kann. Oder eine Ziehklinge, mit der sich zwanzig alte Farbschichten mühelos entfernen lassen. Oder einen Anstrich, der über Winter nicht abblättert, wenn der Frost darunter kriecht. Oder ein Patent, mit dem sich schwarzgewordenens Eichenholz blondieren läßt. Das muß alles erst noch erfunden werden. Na, vielleicht auf der nächsten Bootsausstellung. — Sie verspüren Hunger. Und auch ein wenig Sehnsucht nach den Frauen und Kindern.

An der Würstchenbude treffen sie sich wie vereinbart. Alle fanden es herrlich. Das Geld ist alle, und „dat Volk" zeigt vor, was es erstanden hat.

„Wor ganz intessant", sagt Heini, als sie wieder im Auto sitzen. „Hm —" brummt Gustaf, „aber son Schipp as miene SINDBAD . . ."

„Vati", flötet Julchen, „man muß doch aber mit der Zeit gehen!"

„Stimmt", sagt Gustaf, „allens ma ankukken. Aber doch nich in *Wääklichkeit!*"

Geschenke

Gustafs urbaner Geist erfindet pausenlos nützliche Dinge für den Bordgebrauch Mit den gelungensten Produkten seiner schöpferischen Phantasie bereichert er das Innenleben seiner SINDBAD. Die anderen verschenkt er.

Frieda hat zum Muttertag eine bunte Kittelschürze mit Schiffsmotiven von ihm bekommen. Damit sie sich für das Bordleben auch richtig eignet, hat er mit akkuraten Bootsmannsnähten kleine Täschchen draufgesteppt, in denen Dinge Platz finden, die unterwegs immer verkramt sind: Flaschenöffner, Segelnadeln, Pfeifenreiniger, Marlspieker usw. Frieda hat sich darüber sehr gefreut.

Für Julchen bastelte er zum Geburtstag ein hübsches Gestell aus echtem Mahagoni (Gustaf sagt „Mahoni" dazu), das sie in der Vorpiek aufhängen und als Bücherbord (oder wofür ein Mädchen sonst ein Bord braucht) benutzen kann. Mit dem Bord ist ein überaus praktischer Trick verbunden: Man kann es umdrehen und in diesem Zustand als Podest für ein Bordradio (welches Julchen nicht besitzt) verwenden. Wirklich, ein reizendes Geschenk, und Julchen freute sich sehr.

Heini erbte — ohne chronologischen Anlaß — das totale Standerleinenspannpatent aus Gummizügen und Bleigleitgewichten, von dem Gustaf sich nur schwer trennte. Aber Heini hatte — nur so aus Freundschaft — Gustafs Kajütdach mit gepönt, und das war ein gutes Geschenk wert. Gustaf würde sich ein neues, verbessertes Modell bauen. Er wußte auch schon wie.

Nun stand *sein* Geburtstag heran. Frieda und Julchen zerbrachen sich schon seit Wochen den Kopf darüber, wie sie Vater eine besondere Freude machen könnten. Es durfte nichts Gekauftes sein, denn Gustaf erwartet von seinen Lieben die gleiche Bastelfreudigkeit, die ihm selbst in so reichem Maß gegeben war. Mit Rollkragenpullis, Zipfelmützen, Angorasocken und Wollschals war er auf Jahre hinaus

versorgt. Was konnte man ihm also Gutes antun?
Julchen hatte der Mutter verschiedene Vorschläge unterbreitet. Könnte man nicht ein Buddelschiff bauen: SINDBAD vor dem Bülker Leuchtturm bei Windstärke 6? Nein — das war zu schwierig herzustellen und gehörte nicht zu den praktischen Dingen, die Gustaf so sehr liebte.
Aber was würde er zu einem Bordaschenbecher mit Standermotiv sagen, dessen Unterseite mit rutschfestem Gummi beklebt war? Nein — auch das war nicht das richtige. Aschenbecher hatte Gustaf genug, und benutzen tat er sie ohnehin nicht.
Nun, dann konnte man ihm doch ein hübsches Kästchen für die eklige Putzwolle bauen, die auf der SINDBAD immer in allen Ecken herumlag. Von Julchen in den Vereinsfarben bemalt und mit zwei Fächern — links für neue, rechts für gebrauchte. So etwas half doch einem dringenden Bedürfnis ab.
Oder neue Messe-Kissen mit kreuzstichverziertem Anker-Dekor und einem Spruch.
Nein — das war alles nichts. Frieda hatte etwas ganz anderes im Sinn. Sie wollte endlich mal der Stimme ihres nach Schönheit lechzenden Frauenherzens folgen und etwas schenken, das weder praktisch war noch selbstgebastelt. Etwas von bleibendem Wert. Eine Weile hatte sie geschwankt, ob ein Siegelring mit dem Clubstander auf schwarzem Onyx das passende Präsent wäre. Als sie aber an ihren mit schmierigen Pfoten in der Motorbilge herumgrabbelnden Gustaf dachte, verließ sie ihr Mut. Doch dann sah sie im Schaufenster einer Antiquariatsbuchhandlung etwas, dessen Schönheit sie fast umwarf. Sündhaft teuer zwar, aber Frieda hatte ja seit Wochen für diesen Anlaß etwas vom Haushaltsgeld abgezweigt. Sie wußte nicht, was Gustaf dazu sagen würde, aber ihr war es egal — sie *mußte* es einfach kaufen. Und Gustaf würde sich schon darüber freuen, denn es hing ja mit der Seefahrt zusammen.
Julchen wurde eingeweiht. Die Deern schüttelte zunächst den Kopf — nein, also ob das für Vater nun gerade . . . Aber dann erwärmte sie sich an der überschwänglichen Begeisterung der Mutter und beteiligte sich mit ihren Spargroschen.
Am Geburtstagmorgen prangte auf Gustafs Frühstücksplatz zwischen brennenden Kerzen, weichgekochten Eiern und Orangenkonfitüre ein großes, viereckiges, verschnürtes Paket, dessen Format sogleich Gustafs heftigstes Mißtrauen erweckte. Für ein Logbuch war es zu groß und als Seekarte der Westlichen Ostsee zu klein. Beides hätte er gut gebrauchen können, aber Gustaf befürchtete Schlimmes, wenn nicht noch Schlimmeres. Er öffnete die Verpackung — vorsichtig, wie es seiner Art entsprach, und um die Schnur nicht zu beschädigen. Autsch — was er da in der Hand hielt, übertraf seine ärgsten Befürchtungen — ein *Bild*. Ein Kupferstich, im randverzierten Oval Magellans Zweimaster darstellend, vorn und achtern schießend, ringsum Seeungeheuer, auf dem Bugspriet ein Siegesengel mit Palmzweig, darunter ein griechischer Denkspruch in-

mitten seemännischen Zubehörs wie Fernrohr, Anker, Jakobsstab und einiger fetter Nereiden.
Gustaf betrachtete das Bild unruhig und blickte nach dem Preis. Es stand keiner drauf. Frieda und Julchen sahen ihren Käptn erwartungsfroh an. Ob er sich wohl über sein Geschenk freute?
Gustaf schluckte ein paarmal und sagte, nachdem er sich heftig geräuspert hatte: „Also, das ist aber mal ein feines Bild. Das haut einen ja glatt um." Womit er keine Unwahrheit gesagt hatte. Er umarmte Frieda und drückte auch Julchen einen väterlichen Kuß auf den blonden Schopf. Anscheinend hatte das Geschenk Gnade vor seinen Augen gefunden.
Frieda hatte auch schon einen Platz dafür ausgesucht. Überm Sofa, flankiert von „Abendfrieden über der Förde" und „Gustafs Vater als Vizewachtmeister im 1. Weltkrieg." Aber Gustaf sagte: „Quatsch!" Er griff sich Magellans Zweimaster und trug ihn auf seine SINDBAD. Dort maß er

mit dem Zollstock sorgfältig die Höhe der Kajütstirnwand aus und kratzte sich am Kopf. Schiet, das Bild war zu groß. Er hätte die Nereiden unterhalb des Bauchnabels amputieren müssen, doch davor bewahrte ihn sein ausgeprägter Kunstsinn. Auch die Seitenverschalung über der Pantry war zu niedrig und für künstlerische Zwecke offenbar nicht gedacht.

Diese Frauen! Warum hatten sie ihm kein Barometer geschenkt, das er so dringend brauchte? Oder eine von diesen netten, kleinen Borduhren? Ein „Bild" — das war typisch Frieda. Ob er es doch übers Sofa hängen sollte?

Nein, mal nachdenken — auf die SINDBAD gehörte es auf jeden Fall. Da war ja noch die Klotür. Wenn man Magellans Bugspriet etwas kürzte und der einen Meerfrau ein Stück vom Steert abschnitt, der ohnehin nur dekorativen Zwecken diente, paßte es gut in die Türfüllung. Die Achse des Drehwirbels durchbohrte den Siegesengel zwar an einer etwas peinlichen Stelle, aber der Wirbel selbst verdeckte die Blöße der Dame gleich einem hölzernen Schutzschild. Das war auch für Julchens Moral besser, die ja noch durchaus ungefestigt war.

Aber Gustaf war noch immer unzufrieden: Das alles diente nur der Kunst allein. Kunst aber, die nicht zugleich praktisch war, bedeutete ihm wenig. Doch da kam ihm eine gute Idee. Man konnte in die Klotür einige Löcher bohren. Die würden die Luftzirkulation verbessern. Man müßte sie im Rumpf des Zweimasters nur so anordnen, daß sie wie Bullaugen wirkten. Und den blöden griechischen Spruch, den ja doch niemand lesen konnte, überdeckte man am besten mit dem Schild

NACH GEBRAUCH SEEVENTIL
SCHLIESSEN

das jetzt, kaum sichtbar, neben dem Porzellanbecken hing.

So vereinigten sich auf der SINDBAD weiblicher Kunstsinn und männlicher Erfindergeist zu einer ebenso harmonischen wie praktischen Synthese.

Kopfschlag

Frieda wollte die Kartoffeln aufsetzen. Sie wartete auf den Primuskocher, den Gustaf wieder mal zerlegt hatte. Der Skipper versuchte mit Schimpfreden und einer Pinzette, die abgebrochene Reinigungsnadel aus der Düse des Brenners zu entfernen. Es war eine überaus knifflige Sache, die höchste Konzentration erforderte. Sein Barometer stand deshalb auf Sturm.

In diesem unpassenden Augenblick fragte Julchen ihn: „Vati, was ist ein Kopfschlag?"

Als der Vater nicht antwortete, und er konnte nicht antworten, weil er eine Taschenlampe zwischen den Zähnen hielt, wiederholte sie — beharrlich wie die Jugend ist — ihre Frage: „Also was ist denn nun ein Kopfschlag?"

Ein Kopfschlag? — Mit Boxen konnte es nichts zu tun haben, es mußte sich um den Schifferknoten handeln. Gustaf nahm die Lampe aus dem Mund und knurrte gereizt: „Koppslag is dat, wat man kricht, wenn man ihn macht." — Es war eine typische Gustaf-Antwort. Julchen sagte: „Aha."

Tags darauf ging die SINDBAD schleiaufwärts. Beim Ablegen von der Kappelner Yachtbrücke hockte Gustaf wie üblich sprungbereit am Ruder und bellte lautstark seine Kommandos. Frieda tüterte mit zitternden Fingern die Fender von der Reling und richtete (wohl zum hundersten Mal) an den Käptn die dämliche Frage: „Wohin damit?" — Julchen hatte endlich gelernt, die Plünnen ohne fremde Hilfe vorzuheißen. Manchmal vergaß sie dabei, das Leebackstag zu überholen, und das Aufschießen der Fallen hatte auch seine Tücken. Doch sie war immerhin mit Eifer bemüht, ihren Platz vor dem Mast wie ein Mann auszufüllen. Was konnte man schließlich von der langhaarigen Rasse mehr erwarten.

Hinter Arnis meldete das Vorschiff „Klar Deck". — „Hm", grunzte der Skipper. Jetzt wäre eigentlich eine Kontrollinspektion dran gewesen, aber er war heute so faul. Und es sah da vorn ja auch ganz ordentlich aus. „Setz die Fock noch mal durch“, sagte er, um überhaupt etwas zu sagen, denn man konnte ja nicht gut zugeben, daß es nichts zu kritisieren gab.

SINDBAD mogelte sich mit auflaufendem Strom durch die Enge von Missunde. Gustaf hatte eigentlich hier anlegen wollen. Aber weil Frieda was von „Kaffeekochen“ sagte, hatte er „Quatsch“ gesagt, und nun mußt er weiterschippern. — Schiet lot em — in Schleswig war es ja auch ganz schön.

Auf der Großen Breite blies der Südost der SINDBAD ganz flott unters Hemd. Außerdem zog von Westen her eine blaue Gewitterbank auf. „Soll ich reffen?“ fragte Julchen naiv. — „Du und reffen?“ sagte Gustaf, der ärgerlich war, daß das dumme Gör seine Entschlüsse (seine einsamen Kapitänsentschlüsse!) erraten hatte. Diese Jugend — immer mit dem Mund vorweg.

„Reff lieber jetzt“, mischte sich Frieda ein, „nachher ist es wieder zu spät, wie neulich.“ —

Das hätte sie nicht sagen sollen, die Frieda. Sie wußte es und biß sich auf die Lippen, aber es war zu spät.

„Dor quäl di man nich üm“, raunzte Gustaf giftig, „ick weet, wat ick to dohn heff.“

„Aber Vati, wir wollen dir doch bloß helfen“, goß Julchen noch schnell etwas Öl in das Feuer.

„Swieg still! Krichs gleich'n Backs!“ — Gustaf verstand wieder mal, seine Autorität zu retten. — Frieda sagte: „Na, na.“

Querab vom Louisenlunder Internat legte die erste Bö SINDBAD aufs Ohr. Dicke Regentropfen pladderten aufs Deck. „Reffen!“ brüllte Gustaf und übergab der verängstigten Frieda das Ruder. — „Wohin soll ich steuern?“ fragte die Kapitäneuse verwirrt. — „Halt den Kahn am Wind!“ donnerte Gustaf vom Vorschiff und zeigte in die Richtung, aus der die Bö einfiel. — Frieda tat ihr Bestes, was wenigstens nicht ganz verkehrt war.

Der Regen war in Hagel übergegangen. Gustaf konnte die Reffkurbel nicht finden. Sie hatte ihren festen Platz an der Stirnwand der Kajüte, aber die Halterung war leer. Verdammt, er hatte sie doch gestern noch in der Hand gehabt. Er schnauzte Julchen an, das konnte nie schaden. —

Julchen war mit aufs Vorschiff gekommen. Sie hatte die dünnen Ärmchen um den Mast geschlungen, um auf dem hart überliegenden Deck Halt zu finden. Der Regen hatte sie total durchnäßt, und sie fing an, verdächtig zu schlucken. „Ümmer ich!“

„Plärr nich — mach lieber die Fallen klar“, rief Gustaf der Tochter zu, „ich geh unter Deck und such die Kurbel.“ — Julchen nickte schluchzend. Ihre blonden Fransen hingen angeklatscht hinter den Ohren herab — ein Bild des Jammers.

Während Frieda die bockende SINDBAD in großen Schleifen durch die Bö gieren ließ, fand Gustaf die Kurbel im Werkzeugkasten. Welcher Idiot mochte sie dort verkramt haben? — „Na, wer braucht denn an Bord Werkzeug“, zischte Frieda. Sie hatte in der Aufregung den Kahn zu hoch geluvt. Nun knallte das Zeug im Wind und schüttelte Kaskaden sprühender Gischt ins Cockpit.

„Abfallen — fall ab!“ rief Gustaf, als er auf dem Weg zum Vorschiff an ihr vorbeiflitzte. Dort hatte Julchen inzwischen aus dem nassen Manilatauwerk einen pikanten Leinensalat zubereitet. Gustaf zuckte zusammen, als habe ihn der Schlag getroffen: Na warte! Doch jetzt war keine Zeit für erzieherische Maßnahmen. — Der Skipper drehte die Kinken aus dem nassen Großfall und entwirrte das wilde Knäuel. Dann setzte er die Dirk an, steckte die Kurbel auf den Vierkant und rief der Tochter zu, sie solle das Fall langsam fieren.

„Was fummelst du denn da rum?“ schrie er Julchen an, die das Fall nicht von der

Nagelbank losbekam. — „Das klemmt so", bibberte das Kind. — „Was klemmt?" rief Gustaf aufgebracht. „Sieh her, so macht man das. Mit einem Ruck. — Zack." Doch mit „Zack" war es diesmal nichts. Das Fall bekniff wirklich.

Während der Hagel kieselgroß gegen das Segel prasselte und SINDBAD ihre Großbaumnock durchs Wasser schleifte, weil Frieda zu weit abgefallen war, untersuchte Gustaf die unerklärliche Ladehemmung. Da übertönte mit einmal sein lästerlicher Fluch das melodische Heulduett, welches Julchen und die Bö lautstark angestimmt hatten: Der Skipper kniete neben der Nagelbank und hatte die Füße gegen das Lukensüll gestemmt um auf dem schrägen, rutschigen Deck Halt zu finden. „Also das ist doch wohl — da hört doch wirklich alles auf — nein, sowas!" Darauf folgte dann der ellenlange Fluch.

„Was is'n los?" rief Frieda von achtern, während sie im Begriff war, SINDBAD in den Wind zu luven, um Mann und Tochter auf diese Weise endgültig von Deck zu schütteln. — Gustaf antwortete nicht. „Sieh her, du verdammtes Gör", schrie er die Tochter an, „kiek di an, wat du mokt hest: een *Koppslag!*"

— Einen Kopfschlag? Da war er wieder, dieser komische Kopfschlag. Julchen hatte Vater gestern doch gerade danach gefragt. Hatte er denn gesagt, was das war? — Nein. Sie hatte die Fallen doch nur mit einem halben Schlag belegt, damit die Törns schön hielten.

„Ich weiß ja überhaupt nicht, was'n Kopfschlag ist", murmelte sie kleinlaut, „du hast es mir ja noch gar nicht gesagt."

„So —", sagte Gustaf, „dor hest dien Koppslag!" Und dabei knallte er der Tochter mit seiner breiten Pfote eine Ohrfeige in das verheulte Gesicht, die nicht von schlechten Eltern war. Dann zog er das Bordmesser aus der Tasche und klappte den Marlspieker auf.

Frieda schrie entsetzt auf und ließ die Pinne los. Jetzt erstach dieser Unhold das Mädchen gar. „Hör auf!" kreischte sie, „Halt! Wirst du aufhören, du Rohling!" — Aber Gustaf war schon mit dem Marlspieker auf die Nagelbank losgegangen, um den im Regen eisenhart gequollenen Kopfschlag mit Gewalt aufzubrechen. Der Knoten saß so fest, daß Gustaf schon daran dachte, das Fall mit dem Messer zu kappen. Doch dann gelang es ihm doch noch, das Ende freizubekommen.

Julchen sah mit weit aufgerissenen Augen zu, wie der Vater das machte. Was für eine Aufregung solch ein lütter Knoten verursachen konnte. Sie hatte es doch nur gut gemeint. —

Gewitter gehen vorüber, Ohrfeigen auch. In Schleswig war alles fast vergessen. Nur Frieda hatte noch ein verdächtiges Zucken um die Mundwinkel. Aber was machte das schon, wenn Vater und Tochter sich einig waren.

Während Frieda das Abendbrotgeschirr abbackte, saß Gustaf friedlich mit seiner Zigarre im Cockpit. Neben ihm übte Julchen mit einer alten Schot Seemannsknoten.

Ein Kopfschlag war nicht darunter.

Helden

Die Insel Barsö in der Genner Bucht schiebt ihre kurze, flache Betonmole ein kleines Stück in den Gennerfjord, um den winzigen Inselhafen gegen südwestliche Winde abzuschirmen.

Hinter der Mole hantiert Martin, der Fährmann, an seinem Kutter. Er schafft morgens die Milchkannen zum Festland und bringt auf dem Rückweg Post und frische Brötchen mit, die er auf der Mole an die Segler verteilt. Der Hafen ist gerade so groß, daß Martin auf der Innenseite anlegen kann, wenn er geschickt manövriert. Was hinter der Mole sonst noch an knappem Platz vorhanden ist, dient der Kieler Prominenz ab 8 KR als Dauerliegeplatz, denn auf Barsö kostet es kein Hafengeld, und woran sollte die Prominenz sonst sparen. Wo doch das Segeln so viel kostet . . .!

Auch Gustaf strebt — von Dyvig kommend — auf 320 Grad dem Inselparadies entgegen. Er will dort seinen alten Freund Julius besuchen und dessen Schäferhündin Senta mit zollfreier Cadbury-Schokolade füttern, die sie über alles schätzt. Julchen freut sich auf einen Rundgang entlang der steinigen Inselküste. So schöne bunte Steine gibt es nirgendwo. Und Frieda will Wiesenchampignons sammeln, die auf den saftigen Barsöer Weideplätzen um diese Jahreszeit reichlich wachsen.

Gustaf zankt sich erst noch eine Weile mit der Prominenz herum, die den Hafen für sich behalten möchte und die Gustaf schon von weitem zuruft, in Kalö sei reichlich Platz, und er möge nett sein und nach dort weitersegeln. Aber Gustaf ist nicht nett. Er holt die Autoreifenfender, die er für besonders feine Nachbarn reserviert und eigens weiß gepönt hat, aus der Vorpiek und macht längsseit der knurrenden STELLA MARIS fest. „Pedd di man nich op'n Slips“, sagt er trocken zum Nebenmann, bevor er ihm die Fangleine an den Kopf wirft und „Hol dicht“ ruft.

Nach dem Festmachen trollen Frieda und

Julchen an Land. Gustaf begrüßt das Volk auf der Pier und den ihn strahlend erwartenden Julius. Die Hündin Senta leckt ihm mit schokoladenfarbener Zunge die Hand. Gustaf fühlt sich auf Barsö wie zu Hause.

Als es dunkel wird, kehren die Frauen zum Boot zurück. Mit bunten Steinen in den Taschen, eine große Tüte Champignons im Arm und Kuhmist an den Schuhsohlen.

„Sieh mal, Vati, was wir gesammelt haben", rufen sie und zeigen Steine und Pilze vor. Gustaf sieht nur den Kohschiet an ihren Schuhen und kräuselt unmutig die Stirn. Frieda beklagt sich über die vielen Kühe, die immer gerade dort grasen, wo die schönsten Pilze wachsen.

„Na und?" brummt Gustaf und wirft Frieda einen Feudel zu, mit dem sie sich den Dreck von den Schuhen wischen soll. „Warum pflückt ihr sie denn nicht, wenn sie da wachsen?"

„Aber Gustaf," ruft Frieda entsetzt, „zwischen den Kühen? Wo die doch so wild und böse sind."

„Frunslüd", knurrt Gustaf verächtlich und denkt an ganz was anderes.

„Na Vati", sagt Julchen, „nun sag bloß, daß du keine Angst vor Kühen hast."

„Vor Kühen? So'n Quatsch. Wie kann man denn vor so was Angst haben. Das sind doch Haustiere und keine Löwen."

Julchen schaut den Vater bewundernd an. Männer sind doch was Tolles. Haben vor nichts Angst, nicht mal vor Kühen.

Nach dem Abendbrot gehen die drei an

der Küste spazieren. Es ist schon ziemlich dunkel — ein lauer, herrlich duftender Juliabend. „Da —", ruft Frieda und zeigt auf eine Wiese mit vielen weißen Punkten. „Schampinjonks!"

„Laß doch", versucht Gustaf sie abzulenken. Ihm geht diese dämliche Pilzsucherei sowieso auf die Nerven. Außerdem ist die Wiese mit Stacheldraht eingezäunt.

Wären es nur der Zaun und die Pilze gewesen, hätte keine Macht der Welt Gustaf zu einer weiteren Beschäftigung mit diesem Thema gekriegt. Aber Frieda sagt: „Ach nee — geht ja gar nicht."

„Wieso", will Gustaf wissen.

„Na, die Kühe da hinten."

Jetzt erst sieht Gustaf die paar dunklen Schatten am jenseitigen Wiesenrand. „Aber Mutti", ruft Julchen, „die machen doch *Vati* nichts aus!"

„Also, wenn's weiter nichts ist", protzt der Schipper und geht in die Hocke, um unter dem Stacheldraht hindurchzuschlüpfen.

„Gustafff", kreischt Frieda, „bleib hiiier!" Doch Gustaf ist schon mitten auf der Wiese. Er hat die weiße Kapitänsmütze vom Kopf genommen und füllt sie rasch mit den auf dem dunklen Wiesengrund hell schimmernden Knollen.

Plötzlich schreit Julchen wie am Spieß: „Sie kommt!"

Gustaf denkt, soll sie doch kommen, erst sammle ich mal die Pilze zu Ende. Aber die moorige Wiese erzittert mit einmal von heftigen Gestampfe, als ob eine Bisonherde über die Prärie donnert. Gustaf blickt nach achtern — und sieht eine große braune Kuh auf sich zu galoppieren. Den Schwanz in die Höhe gereckt, in den Augen feurige Kohlen und den hornbewehrten Schädel zwischen die Vorderbeine gesenkt, greift sie schnaubend an.

„Vatiiih . . .!" brüllen Julchen und Frieda gleichzeitig, doch da hat der Schipper schon die Mütze mit den Pilzen auf den Kopf gestülpt und rast mit langen Schritten dem Zaun zu. Die feuerspeiende Kuh zwei Meter hinter ihm in gestrecktem Galopp.

Gustaf hechtet zwischen den Drähten hindurch. „Ratsch" machen das Hemd und die darunter verborgenen Teile Gustafs. Hinter dem Zaun verläuft ein Entwässerungsgraben. In ihm landet der Schipper bäuchlings. Die Kuh hat mit einer gekonnten Notbremsung eben vor dem Zaun auf der Hinterhand haltgemacht. Nun glotzt sie böse durch den Draht, während der Kapitän stöhnend im Graben seine Blessuren kühlt.

Der Heimweg verläuft schweigend. Frieda quält sich mit Schuldkomplexen, und Julchen scheint sogar mit den Tränen zu kämpfen. Jedenfalls schüttelt sie sich am ganzen Körper — Gustaf kann ja nicht sehen, daß sie sich dabei in die Finger beißt, um nicht herauszuprusten.

Im Licht der Pierbeleuchtung will Frieda schier das Herz brechen, so traurig sieht der Schipper aus — blutend, verdreckt und ausgefranst. Aber Gustaf lüftet stolz die (ehemals) weiße Mütze und hält sie Frieda hin: „Hier hast du deine Schampinjonks!"

Hinter einem Busch hört man Julchen leise prusten.

Kartoffelpuffer

Frieda mußte übers Wochenende zu ihrer Mutter nach Itzehoe fahren. Die alte Dame feierte ihren 65. Geburtstag. Frieda hatte mit Gustaf ein wenig gestritten, weil er sich weigerte, mitzukommen. Aber der Skipper hatte gleich abgewinkt: „Wat? Am Sonntag über Land?“ Warum sollte *er* dafür bestraft werden, daß Schwiegermutter Anfang Juli zur Welt gekommen war. Er war doch bestimmt an diesem unpassenden Termin unschuldig.

Nun zankte man sich noch um Julchen. Frieda sagte, die Oma hätte doch immer solche Sehnsucht nach dem Kind. — „Quatsch“, sagte Gustaf, dem Weihnachten mit der Schwiegermutter genügte. Oder wollte Julchen etwa? — „Nö“, sagte das Töchting, „ich will lieber mit meinem Papi segeln.“ Na also.

Bevor Frieda abreiste, äußerte sie heftige Bedenken. „Das Kind verkommt mir ja total. Paß bloß auf, daß sie sich richtig wäscht. Und laß sie nicht verhungern — du weißt doch, daß sie mittags immer ...“

„Ja, ja“, sagte Gustaf.

„Och, Mutti“, verteidigte der Fratz den Vater, „Vati kocht doch prima. Nicht wahr, Vati?“

„Kloar“, sagte Gustaf.

„Vati, backst du mir Kartoffelpuffer?“ Das war ihr Lieblingsgericht.

„Was du willst, mein Deern“, sagte Gustaf, der es eilig hatte, Frieda loszuwerden.

Für den Sonnabend hatte Frieda vorgesorgt. Kartoffelsalat und Würstchen. „Braucht ihr bloß warmzumachen. Und wenn der Primus verstopft ist, hängt die Düsennadel ...“ Doch da hatten die beiden Frieda schon aus der Tür geschoben.

Am Abend lag die SINDBAD in Strande. Die Würstchen schmeckten prima. Und Friedas Kartoffelsalat auch. Nach dem Abendbrot ging Gustaf mit Julchen zum Minigolf und hinterher auf eine Limonade ins Strandhotel. Er opferte sogar einige Groschen, damit Julchen ihre Spielleidenschaft am Automaten austoben konnte.

Und er kaufte ihr erst Karameleis und danach Fruchteis. „Na —", fragt er Julchen dann gönnerhaft, „dat geiht ok mal ohne Muddern, nöch?"

„Mensch, Vati, du bist Klasse!" — Gustaf lächelte geschmeichelt.

Das Sonntagsfrühstück verlief planmäßig. Gustaf kochte den Kaffee, Julchen deckte den Tisch. Dann backten sie beide ab, ohne daß ein Teller kaputtging oder der Primus blakte. Frieda hatte wirklich unrecht mit ihrer ewigen Angst, alles ginge schief, wenn sie nicht an Bord war. Sogar die Zähne hatte Julchen sich morgens geputzt. Und zwar ganz von selbst. Gustaf hatte sich ein weißes Hemd angezogen, was er sonst nie tat, und rasiert hatte er sich auch.

Als die beiden auf der Mole spazierengingen, sagte Julchen: „Vati, machst du uns nun heute Kartoffelpuffer?" — Gustafs gute Laune wurde spontan gedämpft. Diese dämliche Braterei, bei der das Fett überall hinspritzte. „Ach, weißt du", sagte er, „ich mach uns lieber Spiegeleier."

Doch da kam er bei Julchen schlecht an. „Ümmer diese doofen Spiegeleier. Die kann ich schon nicht mehr riechen."

„Na, na", sagte Gustaf, dem diese despektierliche Tonart mißfiel, „Eier sind eine Gottesgabe."

„Aber doch nicht sonntags, Vati! Warum hast du mich denn überhaupt gefragt, was ich essen will? (Wieso — hatte er das? Er konnte sich nicht darauf besinnen.) Oder weißt du nicht, wie man Kartoffelpuffer macht? Ja — bestimmt — du weißt es nicht! Also, das ich werde aber Mutti sagen. Erst versprechen und dann Nein sagen."

Das konnte Gustaf nicht auf sich sitzen lassen. Woher kamen Julchen mit einmal diese Zweifel? Wo er doch wirklich alles konnte. Hatten ihn nicht früher — als er noch Junggeselle war — alle Freunde wegen seiner Kochkünste bewundert? Das war zwar einige Zeit her, und Kartoffelpuffer gehörten eigentlich auch nicht zu seinem Repertoire, aber was ein Mann *wollte*, das . . ."

„Also hol vom Kaufmann 10 Pfund junge Kantüffeln", sagte er, „alles andre ist wohl an Bord!"

Junge Kartoffeln? Zu dieser Jahreszeit, und dann gleich 10 Pfund? — Julchen war skeptisch. — „Mutti nimmt dafür immer Pfanni-Pulver", sagte sie.

Pulver? Was für eine Verschwendung! Nee — das war nichts für den sparsamen Gustaf. Er machte sowas entweder von frischen Kartoffeln oder gar nicht.

Julchen kam mit der Kartoffeltüte, und Vater und Tochter begannen mit dem Schälen. Aber es mußte wohl doch sehr lange hergewesen sein mit Gustafs Kochkünsten, denn die Knollen sahen recht klein aus, nachdem sie Gustafs schwielige Pfoten passiert hatten. Julchen verschluckte zunächst respektvoll ihr Gekicher, dann aber lachte sie den Vater laut aus. Ob der Spaß machte? Wo er doch sonst in allem so geschickt war. Das sah ja fast so aus, als ob er noch nie Kartoffeln geschält hätte.

Als die Schüssel halb voll war, sagte Gustaf „Autsch!" und steckte den Finger in den Mund. Das Messer war blutig, die Kartoffel auch, und Julchen schrie: „Iiiih — Bluuut!“ — Obwohl sie sich schrecklich ekelte, mußte sie dem Vater einen Verband um den Finger machen. Es war ein monströser Takling, und Gustaf fiel — das leuchtete Julchen ein — als Kartoffelschäler aus. Sie würde also allein weiterschälen müssen. — „Ich glaube, es genügt jetzt“, sagte sie daraufhin und fügte hinzu: „Ich bin auch gar nicht so hungrig.“

„Gut“, sagte Gustaf, „also — häm — also was kommt jetzt?“

„Jetzt müssen wir sie reiben“, sagte Julchen, deren weibliche Erbanlagen plötzlich zum Durchbruch kamen.

„Womit?“ fragte Gustaf.

„Och —“, sagte Julchen, „da war doch im-

mer so 'ne Reibe." — Sie mußte es genau wissen, denn sie hatte mit dem Ding früher am Strand gespielt und den Sand damit gesiebt. — In einer verlassenen Ecke der Pantry fand sich die Reibe tatsächlich an. Büschen verrostet und verbeult, aber immerhin eine Reibe.

„Wer reibt?" sagte Gustaf. — „Wir beide", antwortete Julchen.

Da Gustafs linke Hand durch den Verband außer Gefecht gesetzt war, klemmte er die Reibe zwischen die Knie und rieb mit der Rechten. Nach der fünften Kartoffel besah er sich eingehend seine Fingerspitzen.

„Was is?" wollte Julchen wissen. — Als sie Vaters Fingerkuppen sah, wußte sie, was los war. Ihr ging es so ähnlich. — „Du", sagte sie, „ich glaube, wir machen erst mal *einen* Puffer zur Probe. Dafür langt es allemal." — Von den 10 Pfund Kartoffeln war knapp ein Drittel geschält und von dieser Menge ein Viertel gerieben; der Kartoffelmatsch bedeckte nur eben den Boden einer flachen Schüssel.

„Also los", sagte der Skipper, „steck den Primus an." — „Wie macht man das?" sagte Julchen und fügte entschuldigend hinzu: „Das macht doch sonst immer Mutti."

„Ach was — Mutter", knurrte Gustaf unwirsch, „ich zeig es dir. Es wird höchste Zeit, daß du es lernst."

Er suchte den Spiritus zum Anheizen und fand ihn nicht. Zum Frühstück war er doch noch dagewesen. — „Wir können ja auch an Land essengehen", sagte Julchen. „Quatsch", sagte Gustaf und spritzte stattdessen kostbares Feuerzeugbenzin auf die Vorwärmpfanne. Dann pumpte er Druck auf den Petroleumbehälter und zündete die Pfanne an. „Paß gut auf", sagte er zu Julchen, „wenn's rauscht, Ventil langsam öffnen. Is ganz einfach. Kann jedes Kind." — Bei diesen Worten drehte er das Ventil auf — aber anstelle einer rauschenden Flamme fauchte eine blakende, stinkende Petroleumfontäne steil gegen die Kajütendecke und vernebelte mit schwärzlichem Gewölk das Innere der Kombüse.

„Verdammter Mist, das Ding ist verstopft — wo ist die Düsennadel?" herrschte er Julchen an, die doch wirklich nichts dafür konnte. — „Weiß ich nicht", sagte Julchen ängstlich, denn mit Vater war in solchen Augenblicken nicht zu spaßen.

Was hatte Frieda gesagt? Die Düsennadel liegt . . . Himmeldonnerwetter, wo kramte diese unordentliche Person immer alles hin. Nichts war wiederzufinden, was sie einmal in der Hand gehabt hatte.

„Versuch es doch noch mal", sagte Julchen. Gustaf versuchte es noch einmal. Wieder stank es nach blakendem Petroleum. Die Kombüsendecke färbte sich schwarz. Gustaf griff zum Werkzeugkasten. Er zerlegte den Brenner in seine Einzelbestandteile, blies die Leitungen durch und brach bei dem Versuch, die Düse zu reinigen, eine feine Nähnadel darin ab.

„Bei Mutti hat der Kocher das nie gemacht", steuerte Julchen ihren Anteil zu dem Debakel bei. Sie entlud dabei bei Gustaf eine Kanonade übler Schimpfreden, die in der ernstklingenden Drohung gipfelten, er würde in Zukunft kein Weibs-

stück mehr an die Pantry lassen und die Kocherei wieder selbst in die Hand nehmen.
„Lieber nicht“, sagte Julchen schnippisch, jedoch klugerweise so leise, daß der Vater es nicht hören konnte.
Gustaf streute Zucker auf den kalten Kartoffelschlamm und goß etwas Dosenmilch darüber. Man konnte das doch nicht wegschütten. — „Schmeckt prima“, sagte er und schob Julchen die Schüssel hin. — „Igittigitt“, sagte Julchen und spuckte das Zeug aus.
Dann gingen sie ins Strandhotel und bestellten sich ihr Mittagessen beim Kellner. Natürliches was Billiges. Bratkartoffeln mit Spiegelei. Julchen zog eine Schnute, aber sie sagte nichts. Sie hatte plötzlich Sehnsucht nach der Mutter.
Gustaf auch, aber er hätte das niemals zugegeben.
Am nächsten Sonntag roch es auf der SINDBAD herrlich nach frischen, knusprigen, goldgelben Kartoffelpuffern. Man sah Friedas rotes Gesicht aus dem Niedergang leuchten, während Gustaf und Julchen mit vollen Backen kauten.
Und die Düsennadel war auch wieder da.

Was zuviel ist ...

Es ist immer dasselbe! Die dicke SINDBAD verfügt über eine Menge Stauraum; der Kleiderschrank faßt die Ausstattung einer kinderreichen Familie, außerdem hat jeder noch ein geräumiges Fach für seinen losen Klöterkram. Woran es liegt, daß trotzdem bei Beginn der Urlaubsreise jeder Winkel des Schiffes mit weiblichem Zubehör vollgestopft ist, so daß einem beim Öffnen der Schranktür die Klamotten förmlich entgegenquellen, weiß Gustaf auch nicht. An Ermahnungen hat er es wirklich nicht fehlen lassen. An Kontrollen auch nicht. Der Deibel mag wissen, wie die Mädchen es immer wieder fertig bringen, das ganze Zeug an Bord zu schmuggeln.

Lange schon bevor Gustaf mit seinen Lieben die Sommerreise antritt, hat er eine Liste aufgestellt. Darauf steht mit pedantischer Sorgfalt alles verzeichnet, was mit muß, mit darf und was allenfalls eben noch geduldet wird. — Eigentlich wäre diese Liste unnötig, denn auf der SINDBAD befindet sich ab Frühjahr alles zum Segeln Notwendige — von der Zahnbürste bis zur Reserveunterbüx, von der Bratpfanne bis zum Ölzeug. Aber dennoch ... Eben wegen dieses „dennoch" hat Gustaf seine schlaue Liste angelegt. Darin trägt jeder seine zusätzlichen Wünsche ein. Gustaf errechnet den hierfür erforderlichen Raumbedarf, addiert das Ganze und stellt fest, daß die SINDBAD zwei Meter zu kurz ist. Also wird abgehakt und gestrichen, was nicht unbedingt nötig erscheint. Zum Beispiel Julchens Puppe Sophia mit den Klapperaugen, Friedas Sommermantel und der große schwarze Emailletopf, die Extra-Steppdecken, der aufblasbare Gummischwan und die Ausgehschuhe.

Natürlich gibt das eine Menge Geschrei. Julchen kämpft um Sophia, als gelte es einen Angriff auf deren jungfräuliche Ehre abzuwehren. Um die Mitnahme des Sommermantels entspannt sich ein noch heftigerer Streit. Frieda sagt: „Man könnte ja mal ausgehen wollen. Meinst du, ich habe Lust, ewig auf deinem blöden Kahn zu hocken? (Sie sagt wirklich ‚deinem'!)" — Aber den schwarzen Emailletopf, den braucht sie wirklich nicht; Pötte sind doch genug an Bord. „Denkste", sagt Frieda, „und wenn ich mal Wäsche kochen muß?" — Und was ist mit den Steppdecken? Wo doch jeder seinen Schlafsack hat. Streichen! „Kommt nicht in Frage", sagt Frieda, „vielleicht wird's wieder so kalt wie letztes Jahr auf Baagö. Wo Julchen es doch mit der Blase hat." — Und so verteidigt sie wortreich und nicht einmal ungeschickt auch den Gummischwan, die Ausgehschuhe und die übrigen 16 Positionen, die Gustafs unbarmherziger Streichung zum Opfer fallen sollen. Aber Gustaf streicht, und dabei bleibt's.

Vor dem Auslaufen inspiziert er sorgfältig jede Tasche, die an Bord geschleppt wird, denn er kennt seine Geister. Eigentlich kann nichts mehr schief gehen. Sein System ist hundertprozentig. — Meint er.

Als er nach der Ausklarierung beim Laböer Zoll sein Ölzeug aus dem Spind holen will — die Fahrt über den Stollergrund scheint diesmal feucht zu werden — springt ihm die Schranktür von selbst entgegen. Ach herrjeh! Die Mädchen haben die ganze Wohnung leergemacht! Nicht nur Friedas Sommermantel — nein auch Julchens blauer mit dem weißen Krägelchen, mehrere Röcke, Pullover und diverse Sommerkleider versperren ihm den Weg zu seiner gelben Regenhaut. Sogar Julchens Pättikoht raschelt plattgedrückt im Hintergrund. — Gustaf läßt erschrocken Ölzeug Ölzeug sein — die Schranktür kriegt er ohnehin nicht mehr zu — und beschließt resignierend, naß zu werden. Frieda und Julchen lassen schuldbewußt die Köpfe hängen.

Unterhalb Boknis Eck, als Gustaf glücklich ist, im Landschutz der Küste die Schoten etwas fieren zu können, fällt ihm der Danebrog ein, den er bald brauchen wird, denn er hält sehr auf Formen. Der muß doch vom vergangenen Jahr her noch in der Backskiste liegen. Mal nachsehen. — Er übergibt Frieda (ungern) das Ruder und krabbelt ins Vorschiff. Um an den Deckel der Backskiste heranzukommen, muß er ein paar Segelsäcke, die schwere Ankertrosse und Julchens Kojenzeug beiseite räumen.

So etwas kostet Schweiß, besonders in der bedrückenden Enge einer dichtgeschalkten Vorpiek, die im Seegang bumst und stampft. Als er den Deckel endlich aufhat, packt ihn blinder Zorn: Eingebettet in ein Nest aus grauer Putzwolle blinzelt ihn die Puppe Sophia mit blauen Kulleraugen, die sich bei jeder See ein wenig öffnen und danach halb schließen, unschuldig an. — „Stell dich nicht so an", sagt Frieda. — Gustaf schweigt verdrossen; was mag noch alles zum Vorschein kommen?

— Keine Sorge, Skipper . . . es kommt!

In Schleimünde erscheint der Gummischwan, den Julchen beim Baden fest umklammert, obgleich ihr das Wasser nur bis zum Knie reicht. „Wie soll das Kind denn sonst schwimmen lernen?" sagt Frieda. — Als Gustaf vor der Sonderburger Brücke nach der Flüstertüte grabbelt, greift er in den schwarzen Emailletopf, den Frieda zweckentfremdet im Kabelgatt versteckt hat. — Auf Barsö zerrt Gustaf die völlig aufgeweichten Extra-Steppdecken hinter den Kojenpolstern hervor ans Tageslicht. — Vor Samsö findet er während einer aufregenden Jagd nach der verschwundenen Reffkurbel die in der Tiefe des Kleiderspindes verborgenen Ausgehschuhe — verspakt, verschimmelt und kaum noch wiederzuerkennen. — Während der Gewitterbö vor Anholt läuft Friedas cyclamenfarbener Nagellack im Bücherrack aus und versaut das neue Leuchtfeuerverzeichnis. — Und einer von Julchens dreizackigen Dorschhaken bohrt sich in Gustafs Pfote, als er dem Takelbeutel eilends einen Schäkel entnehmen will. — Dazu kommt der ganze Trödel, der unterwegs an Bord geschleppt wird — Steine, Muscheln, Strohhüte und ein in Middelfart (höchst überflüssigerweise) erstandenes Federballspiel.

Man könnte diese Aufzählung beliebig fortsetzen. Überall, wohin er auch langt, stößt Gustaf auf die Spuren von Friedas und Julchens neurotischem Mitnahmetrieb. Doch das soll ihm nicht noch einmal passieren! Im nächsten Jahr wird er die SINDBAD vor der Abreise *versiegeln*, so wahr er Gustaf heißt. Und die Frauen wird er beim Anbordgehen filzen wie die Arbeiter in einer Diamantengrube.

Eisenhart wird er sein, und *nichts* wird ihm entgehen. Das wäre ja noch schöner! Die sollen ihn kennenlernen!

Wenn er nur wüßte, worin der Trick besteht, mit dem sie ihn bisher immer reingelegt haben.

Theorie des Segelns

Julchen kam heulend von der Schule nach Hause. „Huh, huh — die Lehrerin hat gesagt, das mit dem Kreuzen das stimmt gar nicht. Und ich hab der ollen Zicke bloß gesagt, denn soll se mal bei uns mitsegeln. Und da hat se gesagt, ich bin immer so vorlaut, und ein Schiff kann niemals gegen den Wind ansegeln. Das sei gegen die füsi . . . fisi . . . also das sei wissenschaftlich unmöglich. Und dann hat se mir ne Fünf gegeben, huhuuh!“

Frieda strich der Tochter ein wenig ratlos über den blonden Schopf. „Nun putz dir erst mal die Nase. Und heute abend fragen wir Vater; der weiß das bestimmt. Vater weiß alles.“

Schnief, schnief — Julchen konnte sich nicht so schnell beruhigen. „Sag doch mal selbst, Mutti, wie kann die so etwas behaupten. Wo Vati doch immer brüllt: Fock dicht — höher ran! Kannst *du* mir denn das nicht erklären?“

„Ach weißt du“, sagte Frieda verlegen, „ich bin schon so lange aus der Schule raus, aber wenn die Lehrerin das sagt, wird es wohl stimmen.“

„Mönsch Mutti“, kreischte Julchen hysterisch, „nu sagste auch so was. Als obste nie mit uns gekreuzt wärst. Na, und die Bolzerei vom letzten Sonntag? Da hatten wir doch alles von vorn!“

Mein Gott — hoffentlich erlitt das Kind keinen Nervenzusammenbruch. Gut, daß Vater bald nach Hause kam. Nur er konnte solch einen komplizierten Fall lösen. Nein, diese ungebärdige Jugend. Immer gleich kontra. Dabei war es doch so gleichgültig, ob ein Schiff nun kreuzte oder nicht. Sie hatten ja heute alle einen Motor.

Vater kam. Beide Frauen empfingen ihn sichtlich erregt an der Korridortür. Sie redeten durcheinander, und Gustaf verstand kein Wort. „Also nun schön der Reihe nach“, sagte er und zog Julchen auf seinen Schoß, obgleich sie eigentlich schon zu groß dafür war.

Julchen berichtete, was ihr in der Schule widerfahren war. Die „Zicke“ ließ sie

diesmal weg. Vater war in solchen Sachen ziemlich altmodisch.
„Quatsch", sagte Gustaf, nachdem er sich den Sachverhalt dreimal von Julchen hatte wiederholen lassen, „also das ist alles großer Quatsch." Und er griff nach seiner Zeitung, denn der Tag war anstrengend gewesen, und ein Mann hatte schließlich Anspruch darauf, abends die Zeitung zu lesen.
„Was ist Quatsch", sagte Julchen und zog ihm die Zeitung weg. „Kann man nun gegen den Wind ansegeln oder nicht?"
„Jaa!" sagte Gustaf gereizt.
„Was ‚jaaa' — kann man oder kann man nicht?" — Julchen ließ nicht locker.
„Ihr habt beide recht", sagte Gustaf. Und nach einer kurzen, nachdenklichen Pause fügte er hinzu: „Genau gegenan geht natürlich nicht, aber vier Strich bei Schul-

wasser, das geht. Gerefft sechs Strich."
„Aber Vati, die olle Z . . . also die Lehrerin sagt doch, das sei wissenschaftlich unmöglich. Segelschiffe könnten höchstens bei halbem Wind segeln."
So'n Weibertratsch! Gustaf langweilte dies unfruchtbare Gespräch. Geradezu lachhaft — dann würden sie bei Nordost ja nie nach Schleimünde kommen. So etwas Dummes konnte höchstens die Turnlehrerin gesagt haben.
„Nö", sagte Julchen, „die, bei der wir Englisch haben."
„Na, siehste", sagte Gustaf. Die sollte den Kindern lieber unregelmäßige Verben beibringen, statt vom Segeln zu tüünen.
„Aber das war doch so'n ulkiges englisches Gedicht. Da kam das drin vor — „going windward" oder so ähnlich. Und da hat die gesagt, das ist dichterische Freiheit. Und ich hab gesagt . . ."
„Nu holl mol de Luft an", sagte Gustaf, „ich hab dir doch erklärt, daß ein Schiff kreuzen kann. Und du weißt es ja auch selbst. Was gibt es da noch zu quasseln."
„Aber das glaubt sie mir eben nicht. Und wie soll ich es ihr beweisen?"
Beweisen? Daß eine Yacht kreuzen konnte? — „Bring mir Papier und Bleistift", sagte Gustaf grantig und legte die Zeitung endgültig zur Seite. Warum war Julchen bloß kein Bengel geworden. Diese gackernden Dweilköpfe konnten einem Mann wirklich die Nerven zersägen.
„Sieh mal, das ist doch ganz klar", sagte er und malte einen dicken Pfeil auf das Papier, „das ist der Wind". So hatte er es damals im Standerscheinlehrgang gelernt. Es war recht einfach gewesen. „Also das ist der Wind. Und das hier ist das Schiff. Und so" — er malte einen zweiten Pfeil — „so trifft der Wind auf das Segel. Und so" — ein neuer Strich erschien am Steven des Papierschiffes — „so fährt es vorwärts. Hast du das nun kapiert? Der dicke Pfeil hier am Steven, der zeigt doch deutlich, wie das Schiff vorwärts fährt."
Julchen schien nicht überzeugt. „Ja, auf dem Papier", sagte sie zweifelnd, „aber wie ist das in Würklichkeit?"
„Verdammt, das ist doch die Wirklichkeit", sagte Gustaf grimmig und verband die Striche zu einem übereck gestauchten Viereck. Das Schiff sah jetzt aus wie eine aufgehende Sonne, deren Strahlenkranz sich über einer hochkant gestellten Kimm ausbreitete.
„Aber Vati, den dicken Pfeil kann man doch auch nach hinten zeichnen. Dann fährt das Schiff nicht vorwärts, sondern rückwärts."
„Dummes Gör", schalt Gustaf, „hol mir mal die SEEMANNSCHAFT aus dem Bücherregal." Dort war alles schön säuberlich aufgemalt." Hier, sieh dir das an" — sein Zeigefinger wies auf ein Gewirr von Pfeilen, Zahlen und Parallelogrammen.
Julchen studierte verwirrt das magische Liniengestrüpp. „Vati, hier steht was von ‚wirklichem' und ‚scheinbarem' Wind. Was ist denn das nun wieder?"
Ei verflixt. Daran hatte er nicht gedacht. Er war jetzt mit seinen Strichen durcheinandergeraten und knurrte gereizt: „Na ja — das ist, wenn du fährst."
„Aber warum *fahren* wir denn?" löckte

Julchen wider den Stachel. Es klang fast schon patzig. Doch Gustaf hoffte immer noch, die verworrene Lage ohne Blamage meistern zu können. — Er zog einen neuen Strich — das war der „scheinbare“ Wind, der etwas vorlicher einkam — und verband die Linien zu einem eindrucksvollen Kästchen. Die Sonnen-Aureole hatte sich jetzt zu einem wildwuchernden Wirrwarr langer und kurzer Strahlen verdichtet, welche allenfalls schönes Wetter verheißen mochten. Für den mathematischen Beweis des Kreuzens boten sie indessen nur wenig Material.

Er merkte, daß er sich mit seinen Strichen verheddert hatte und beendete das Gespräch abrupt: “Haste das nun endlich kapiert?“

„Nö“, sagte Julchen kiebig und zuckte verdächtig mit den Mundwinkeln. „So, wie du das gemalt hast, muß das Schiff rückwärts fahren — huhuhh“. Und jetzt heulte sie wirklich.

Frieda, die den Abendbrottisch deckte, kam ihr zur Hilfe. „Laß dich von Vatern nicht quälen. Und schon gar nicht vor dem Essen. Glaub lieber, was die Lehrerin sagt. Die hat schließlich studiert.“

„Himmeldonnerwetter“, fluchte Gustaf unfein, „die blöde Gans hat *Englisch* studiert; vom Segeln hat die keine Ahnung. Das habe ich Julchen doch eben gerade bewiesen.“

„Gar nichts hat er bewiesen“, schluchzte Julchen, „er macht bloß überall Striche auf dem Papier. Schnief, schnief.“

Und Frieda fauchte ärgerlich: „Schäm dich, so zu fluchen. Was soll das Kind davon denken. Und man sagt auch nicht ‚blöde Gans’ zu einer studierten Person. Die wird schon wissen, was sie den Kindern beibringt.“

Gustaf beschäftigte sich mit seinen Bratkartoffeln und seufzte tief. Daß die Weiber nicht mal die einfachsten Sachen kapierten.

Durch das Klappern der Gabeln klang Julchens leises „Schnief — schnief.“

Putzi

„Vati, weißt du, was ich mir zu Weihnachten wünsche?" — Julchen hockte sich auf Gustafs Sessellehne und ging dem Vater gurrend um den Bart. — „Nee", sagte Gustaf und zeigte wenig Interesse. — „Ich wünsch mir ein Tier."
Ein Tier? Vielleicht einen Neufundländer oder weiße Mäuse oder noch was Schrecklicheres? — „Ein Tier ist Quatsch", sagte Gustaf und blätterte in seiner Zeitung. — Julchen schluckte.
Abends im Bett, fing auch Frieda davon an: „Julchen wünscht sich ein Tier." — Gustaf ließ seine Zeitung sinken und starrte Frieda stirnrunzelnd an. Immer diese Überfälle kurz vorm Einschlafen. Natürlich war Frieda auf Julchens Seite (wie immer), und natürlich wußte sie auch schon, was das für ein Tier sein sollte. „Ein Tier kommt mir nicht ins Haus", sagte Gustaf und dachte an den Neufundländer und ans Einschlafen.
„Aber Gustaf — sei doch nicht immer gleich kontra! Ein kleines Hündchen wäre doch ein reizendes Spielzeug für das Mädchen."
Ein Köter — das fehlte gerade noch. Gustaf wurde hellwach und steif vor Ablehnung. „Du weißt doch, daß in Dänemark Hunde nicht an Land dürfen", sagte er. Frieda wußte es nicht, aber es war wohl so.
Na, dann ein Meerschweinchen! — „Stinkt", sagte Gustaf. — Oder ein Kätzchen! — „Haart", sagte Gustaf. — Aber vielleicht ein Goldhamster? — „Haart und stinkt." Jetzt war Frieda böse: „Bei dir haart und stinkt alles, Mann. Dabei riechen die Menschen viel schlimmer. Und was die Haare betrifft . . ."
Gustaf faßte sich an den Kopf. Verdammt kahl da oben.
„Ich weiß jetzt, was für ein Tier es sein muß", sagte Frieda, „ein Wellensittich!"
„Stinkt", wollte Gustaf sagen, aber er spürte, daß das diesmal kein Argument war. Und haaren? Damit war es auch nichts. — „Kreischen Papageien nicht?"

fiel es ihm plötzlich ein. — Aber Frieda behauptete kühn, Sittiche sängen wie Nachtigallen. Kreischen täten nur die großen Vögel und die auch nur, wenn sie geärgert würden, und geärgert würde ein Tier bei ihnen sowieso nicht.
Gustaf hatte nie zuvor eine Bildungslücke so bedauert wie jetzt seine Unwissenheit über Wellensittiche. — „Und wenn wir segeln?" fragte er zaghaft, weil er wußte, daß Frieda auch hierauf eine passende Antwort parat hatte.
Er hatte sich nicht geirrt. „Wenn wir segeln, bleibt er natürlich zu Hause. Er kriegt genügend Futter und bleibt dann einfach in seinem Käfig sitzen."
„Aufs Schiff kommt er jedenfalls nicht", sagte Gustaf. — „Soll er ja auch gar nicht", antwortete Frieda. Damit war der Kauf eine beschlossene Sache.

*

Unterm Weihnachtsbaum prangte neben blauen Segelpullovern, einem weißemaillierten Propankocher und einem Satz bunter Bootskissen (mit Kniff in der Mitte) auch der blitzende Messingkäfig mit einem winzigen, flauschigen Etwas, das sich „Putzi" nannte, zartblaue Federn besaß und ein wenig verängstigt auf die dicken Wolken starrte, die Gustafs Knösel entquollen. — Julchen war selig. Sie verschanzte sich hinter einem Buch mit klugen Ratschlägen für die Pflege und Aufzucht von Sittichen.
Gustaf steckte seinen Finger zwischen die Gitterstäbe — der Vogel trippelte ängstlich auf das entgegengesetzte Ende der Stange. „Schiet di man nich in de Büx", sagte Gustaf, der nicht verstehen konnte, wie jemand vor ihm Angst hatte.
Doch nach einigen Tagen krallte sich der Piepmatz — zwar immer noch ängstlich, aber schon nicht mehr ganz so abweisend — auf Gustafs Zeigefinger fest. Und dann entdeckte er Gustafs Pfeifenstiel. Es war ein idealer Sitzplatz. Nur etwas warm für die empfindlichen Vogelfüße und auch etwas qualmig. — Gustaf tat so, als sei er ungehalten, weil ihn der aufdringliche Bursche beim Zeitungslesen störte. In Wirklichkeit aber rührte ihn seine Anhänglichkeit, denn solche Liebesbeweise war er weder bei Julchen noch bei Frieda gewohnt. (Was hätten die auch auf seinem Pfeifenstiel anfangen sollen.) Und so geschah denn das große Wunder: Gustaf gab das Pfeifenrauchen auf; er rauchte nur noch kalt; Putzi sollte es gut bei ihm haben.
Putzi fand das herrlich. Er fütterte Gustafs dicke Nase mit zärtlichen kleinen Glucksern und überraschte den Skipper eines Tages mit dem deutlichen ausgesprochenen Wort „Quatsch". Woher er das wohl hatte? — Keine drei Wochen vergingen, da hatte er sein Repertoire um einige neue Wörter erweitert, die unverkennbar Gustafs Wortschatz entstammten. Er sagte „oller Morskopp", „Schiete" und „ach wat!". Am liebsten aber sagte er „Quatsch".

*

Der Frühling kam, und mit ihm begann die Segelei. Putzi wurde mit Futterhirse

und Wasser reichlich versorgt und übers Wochenende in seinem Käfig gelassen. Frieda und Julchen schienen das für selbstverständlich zu halten, denn was sollte der Vogel auf dem Wasser. Und Gustaf hatte seine Mitnahme ja auch ausdrücklich verboten. — Doch der Skipper schien seine Ansicht geändert zu haben. Wer hätte vermutet, daß sich hinter dieser bärbeißigen Fassade solch ein weiches Herz verbarg. Er behauptete plötzlich, der Vogel litte unter der Einsamkeit, und er wäre nach ihrer Rückkehr vom Segeln immer ganz verändert. Und als Putzi, nachdem man ihn zum dritten Male alleine gelassen hatte, sogar Gustafs Pfeifenstiel verschmähte und den ganzen Abend nicht ein einziges Mal „Quatsch“ oder „Morskopp“ sagte, erklärte der Skipper, Putzi käme von jetzt an mit zum Segeln.

„Aber Vati", sagte Julchen, „da wird er doch seekrank."
„Nee", sagte Gustaf, den hänge ich kardanisch auf."
„Also das geht wirklich zu weit", mischte sich Frieda ein, „erst soll es überhaupt kein Tier sein und jetzt diese übertriebene . . ."
„Quatsch", sagte Gustaf, „ich weiß am besten, was der Vogel braucht: Der braucht menschliches Verständnis."
„Ich finde, das ist Tierquälerei", sagte Julchen, „und überhaupt — es ist *mein* Vogel."
„*Dein* Vogel? Der kann ja noch nicht mal deinen Namen aussprechen. Der spürt genau, wer es gut mit ihm meint." Und um die Diskussion über diesen Punkt ein für allemal abzuschließen, fügte er barsch hinzu: „Basta, de Vagel kümmt mit!"
So lernte Putzi die skurrile Welt der Seesegler kennen. Sein Käfig wurde unterm Kajütdach an dem Haken beigezeist, an dem sonst die Petroleumlampe hing. Dort schaukelte er — vom zwei Gummizügen gebremst — in seiner kardanischen Aufhängung über den Stollergrund.
In Schleimünde angekommen, setzte Gustaf den Vogelbauer auf die Niedergangskappe. Putzi lernte auf diese Weise Möwengekreisch und die kleinen spitzen Schreie der Seeschwalben kennen, was ihn sehr zu beeindrucken schien, denn er plusterte sich auf wie ein dicker Wattebausch und zwitscherte mit gesträubten Nackenfedern aufgeregt: „Putzi, Putzi, Quatsch, Piep, Schiete, oller Morskopp, Piep, Putzi, Putzi."
Gustaf konnte es nicht lassen. „Ich glaube, er will raus", sagte er zu Julchen. — „Aber Vati", sagte Julchen entsetzt, „das kannst du doch hier nicht machen. Der haut doch sofort ab."
Das hätte sie nicht sagen sollen. Jedenfalls nicht zu Gustaf. Sie hätte den Vater eigentlich besser kennen müssen. Gustaf reagierte auch sofort entsprechend. „Quatsch", sagte er, „wo er so an mir hängt. Der denkt nicht ans Abhauen."
„Kommt nicht in Frage, Mann", sagte Frieda, „du bist wohl total übergeschnappt. Laß gefälligst Julchens Vogel, wo er ist." — Mit diesen Worten kletterte sie mit Julchen an Land, um zu sehen, ob die Möwen am Strand schon brüteten. Gustaf war allein mit Putzi.
„Na, min Lütten", sagte er leise, und seine Stimme wurde vor Zärtlichkeit rauh und heiser, „du fliegst uns doch nich weg, nöch? Und wozu auch. Wo du es bei uns doch so gut hast."
Putzi spürte instinktiv die günstige Gelegenheit. Er krallte sich an das Gitter der Käfigtür und tat so, als ob er mit seinem krummen Schnabel die Messingstäbe durchsägen wollte. Er zitterte am ganzen Körper und plapperte sein Repertoire so aufgeregt vor sich hin, daß er dabei einzelne Worte verschluckte.
Gustaf steckte einen Finger in den Bauer. Putzi krallte sich daran fest, als gelte es, den Skipper in den Käfig hineinzuziehen. Gustaf nahm ihn aus dem Bauer und hielt eine Hand schützend über ihn. Jetzt war Putzi, nachdem er erreicht hatte, was er wollte, mit einmal ganz ruhig und sah

Gustaf aus seinen schwarzen Knopfaugen zwinkernd an. Gustaf steckte die kalte Pfeife zwischen die Zähne und setzte Putzi auf seinen Stammplatz. Dabei kraulte er ihm leise die Brust, was der Vogel mit zärtlichen Quietschlauten und einem glasklar artikulierten „Morskopp" quittierte.
In diesem Augenblick gab es an Land einen gellenden Schrei. — Julchen war zurückgekehrt, weil sie an Bord etwas vergessen hatte. Sie sah Putzi auf Vaters Pfeife hocken und schrie. Sie schrie so laut, daß Putzi zusammenfuhr und einen Satz in die Luft machte. Gustaf griff nach ihm, aber Putzi war schneller. Mit schwirrendem Flügelschlag hob er sich steil in die Luft. Er drehte keine Kreise und ließ sich auch auf keiner Saling nieder. Er hatte den Kurs mit 270 Grad direkt auf den herrlichen, weiten Himmel abgesetzt — ein winziger blauer Punkt im großen Blau des Weltalls. Und seine glücklichen kleinen Schreie gingen im Gekreisch der fetten Hafenmöwen unter.
Gustaf nahm die kalte Pfeife aus dem Mund und betrachtete den Stiel, von dem es eben noch „Morskopp" und „Putzi-Putzi" gezwitschert hatte. Julchens Plärren hatte den halben Hafen zusammengerufen: Was ist los, was hat das arme Kind?
„Vati hat — —huhuh — —meinen Vogel fliegen gelassen — huhuh!"
„Ich? Wieso denn ich?" wehrte Gustaf sich gegen diese ungerechte Anschuldigung. „*Du* hast ihn mit deinem dämlichen Geschrei verscheucht. Er saß doch ganz friedlich auf meiner Pfeife. Hättste nich geschrien, wär er auch nich weggeflogen. — Immer krieg ich die Schuld."
Die Tage verliefen nicht eben heiter. Frieda kniff die Lippen zusammen und schwieg verbittert. Julchen lief mit verheulten Augen umher.
Gustaf stellte den leeren Käfig in die Segellast. Dort stand er bis zum Herbst. Dann schenkte er ihn dem kleinen Jungen von Fiete Cohrs. „Aber laß die Frauen da nicht ran, die verderben so'n Vogel bloß", sagte er.
Und er glaubte auch, daß es so war.

Das Leben zu viert

Die Engländer sagen: two men is a company — three men is nothing. Das findet auch Gustaf. Doch sie sind nun mal zu dritt. Leider! Es bedeutet nämlich, daß der Skipper immer von seinen beiden Frauen überstimmt wird.
Verkleinern läßt sich die Familie nicht. Aber wieviel schöner wäre es, zu viert zu sein. Da bildeten sich zwei gleichstarke Parteien, und man könnte endlich auf parlamentarischer Grundlage navigieren, ohne daß das Ergebnis einer Abstimmung immer schon im Voraus festliegt.
Also wird Onkel Emil für die nächste Sommerreise angemustert. Im Vorschiff, bei Julchen, ist noch eine Koje frei. Onkel Emil ist Friedas Bruder, Junggeselle und obendrein ein vergnügtes Haus. Die Männer verstehen sich gut, und Bruder und Schwester sind sowieso ein Herz und eine Seele. Julchen quarrt ein wenig, daß sie ihre Kemenate mit einem fremden Mann teilen soll, doch sie muß sich angesichts der vielen Vorteile, die diese Regelung mit sich bringt, bescheiden.
Anfangs geht das Leben zu viert auch ganz gut. Onkel Emil hilft Frieda beim Kartoffelschälen und Julchen beim Angeln. Er gibt sich beim Segelsetzen Mühe und löst — wenn auch ohne Passion — Gustaf an der Pinne ab. Alles wäre gut — wenn nicht . . .
Onkel Emil hat nämlich zwei linke Hände. All sein guter Wille, seine herzerfrischende Frohnatur und seine immerwährende Bereitschaft zu munteren Späßen ändert nichts an dieser betrüblichen Tatsache. Anfangs hat Gustaf geglaubt, so dämlich könne ein erwachsener Quiddje gar nicht sein. Was Frieda und Julchen kapiert haben, muß ein Mann doch erst recht begreifen. Doch dem ist leider nicht so. Onkel Emil versäuft beim Versuch, die Kartoffeln während der Fahrt zu spülen, die Pütz nebst Inhalt. Er bleibt mit dem Bootshaken an der Spundwand hängen und zerbricht den Stiel in zwei ungleiche Hälften. Es ist eine glatte Fraktur, die

nicht einmal Gustafs geschickte Finger laschen können.

Vor Mommark rauscht ihm das Fockfall aus; in Aarösund bricht er den Schwengel des Pumpschlürfklosetts ab; vor Tunö wirft er bei einer Patenthalse das falsche Backstag los, wobei nur durch Gustafs Geistesgegenwärtigkeit ein Bruch des Großbaums verhindert wird. — Gustaf wird von Tag zu Tag gereizter, aber er sagt nichts, höchstens mal „Morskopp“ oder „oller Plaatsch“, und das ist so gut wie nichts. Aber als Onkel Emil in Grenaa nicht mal imstande ist, die SINDBAD an der Pfahlreihe voraus zu verholen, sondern den Bug querab setzt, bis das Schiff quer über das Hafenbecken auf Leegerwall treibt, platzt ihm der Kragen. Erfolg: Onkel Emil ist stocksauer, und die Stimmung ist futsch.

„Nee“, sagt Gustaf, „dann doch lieber allein mit den Frauen!“ So schlecht, wie er immer dachte, sind die eigentlich gar nicht. Onkel Emil kommt jedenfalls nicht wieder mit. Der bricht sich sonst den Finger womöglich noch in der Nase ab.

Im nächsten Sommer will er es aber noch einmal versuchen. Julchen jammert ihm was vor: wenn schon jemand mit ihr im Vorschiff hausen soll, dann doch lieber ihre Freundin Susi als irgend so'n oller Onkel. Also wird diesmal Susi angeheuert — eine rundliche, blonde Deern in Julchens Alter.

Die Sache läßt sich zunächst auch ganz gut an. Als aber hinter der Kongebro der Nordost die SINDBAD aufs Ohr legt, fängt Susi an zu kotzen, daß es einen Hund jammern könnte. Frieda und Julchen werden natürlich davon angesteckt — nun reihern die drei Weibsen um die Wette, was der Überfahrt nach Juelsminde einen ganz besonders pikanten Reiz verleiht. Das alles wäre an sich noch gar nicht so schlimm, denn Spucken gehört nun mal zum Segeln. Aber Susi kriegt — kaum daß sie ihren Fuß wieder auf festes Land gesetzt hat — die „fliegende Fresserei“. Offenbar um die vergeudeten Kalorien rasch wieder aufzuspeichern, stopft sie jetzt in sich hinein, was normalerweise für die ganze Crew gelangt hätte. Gustaf sagt tolerant: „Laß ihr doch!“ Doch Frieda bringt Susis Freßsucht mächtig in Harnisch, denn sie muß es ja bezahlen. „Kind“, sagt sie zu Susi, nachdem sie ihr die achte Stulle geschmiert hat, „nun müßtest du aber eigentlich satt sein!“ — „Nö“, sagt Susi keß, „aber wenn ich nix mehr kriege, muß es auch so gehen.“ — Nein — es geht nicht. Und „so“ schon gar nicht. Frieda macht Susi klar, daß ihr Appetit krankhaft sein müsse und setzt sie auf halbe Rationen. Darauf tritt Susi in Proteststreik — sie wäscht sich nicht mehr, hilft nicht mehr beim Abbacken und ist patzig zu Julchen.

Als Julchen mit dem Vater mal allein ist, sagt sie: „Vati — die blöde Kuh kommt doch nicht wieder mit — nöch?“ — „Nee“, sagt Gustaf, „de Fretsack schall blots oppassen, dat ick ehr nich mit eins versupen do!“ — Um es kurz zu machen — es war wieder nichts mit dem vierten Mann. In diesem Punkt sind sich Gustaf, Frieda und Julchen einig wie sonst nie.

Aber Frieda gibt so rasch nicht klein bei: Männer und Kinder als Gäste an Bord — das kann ja auch nichts sein. Ganz anders eine Frauensperson. Die könnte ihr bei der Bordarbeit helfen, und man hätte auch mal was zum Klöhnen. Vielleicht springt sogar ein kleiner Zuschuß zur Proviantkasse dabei raus. Aber wer?

„Edeltraut“, sagt Gustaf und meint Friedas Nichte. — „O Gott, *diiie*?“ sagt Frieda, „die ist doch so zipp.“ — Was heißt „zipp“, sagt Gustaf, „dat geweuhn ick ehr fix aff.“

Edeltraut ist natürlich hell begeistert: — Ach . . . Segeln . . . himmlisch! Find ich richtig schick. — Gustaf zeigt ihr, wo sie ihre Klamotten hintun soll und erklärt ihr, was ein Backstag ist. Edeltraut begreift alles ziemlich schnell. Zu schnell, meint Gustaf. Am Abend vor der Abreise sagt sie (und sie glaubt das auch): „Ich find Segeln furchtbar einfach. Was die Leute bloß für'n Theater davon machen!“ — Und das verdrießt Gustaf sehr.

Am nächsten Morgen früh um vier läuft die SINDBAD aus. Weil Nordwest weht, setzt Gustaf den Kurs auf Bagenkop ab. Sonderburg liegt diesmal nicht drin. Dafür 35 Meilen offene See mit Wind meist vorlicher als dwars. — Und siehe da — Edeltraut erweist sich als seefest; sie benimmt sich am Ruder nicht ungeschickt; sie wirft die Backstagen im richtigen Augenblick los und streckt die Fockschot über das Spill wie ein alter Matrose. Aber einen großen Fehler hat sie — sie quasselt. Herrgott, was quasselt das Weib! Gustaf, sieh mal, mach ich das nicht gut, Gustaf, warum ist Luv eigentlich mal links und mal rechts, blöd, diese Segelausdrücke, läßt sich die Kompaßnadel nicht mal einen Augenblick feststellen, dann kann man doch viel besser steuern, Gustaf, sieh mal, da schwimmt eine Flaschenpost, ach — und da, der süße Vogel, — nein, wie ist das Segeln herrlich, und gar nicht so schwierig wie die Leute immer sagen.

Und dann hat sie noch eine Eigenschaft, die Gustaf fast noch mehr irritiert als die Quasselei — sie hält sich für sexy. Und sie meint, alle anderen müßten sie auch für sexy halten. Gustaf natürlich nicht — der ist als Käptn jenseits von Gut und Böse, — aber die Fischerjungs in Bagenkop zum Beispiel. Deshalb turnt sie auf der Kutterpier in chromgelben Minishorts herum und trägt im Haar eine grüne Babydoll-Schleife. — Julchen kriegt Plüschaugen, als sie das sieht, und sie will auch eine Schleife ins Haar. Die Fischerjungs grienen breit, einer pfeift sogar anerkennend.

Das ist zuviel für Gustaf. Diese mannstolle Quasselstrippe hat ihm gerade noch gefehlt! Nun hat er endgültig genug von Passagieren dieser Art. Und auch Frieda ist seiner Meinung, da der Küchenkram *doch* an ihr hängen bleibt, denn Edeltraut denkt nicht daran, ihr in der Kombüse zu helfen. Sie sind alle drei froh, als die Dame in Aarhus abmustert, weil ihr Urlaub zu Ende ist.

Sie bringen sie zu dritt zum Zug und bleiben auf dem Bahnsteig stehen, bis der Zug abgefahren ist. Sie wollen sichergehen, daß Edeltraut auch wirklich weg ist. Auf dem

Rückweg spendiert Gustaf Eis für die Familie. Sie reden nicht miteinander — schweigsam löffeln sie ihre Portion. Edeltrauts Geist schwebt noch unsichtbar über ihnen. Sie müssen sich erst von diesem Albdruck erholen.
Abends, als Frieda dem Skipper seinen Schlummergrog ins Cockpit stellt, spricht Gustaf das erste Wort. Es klingt wie ein Stoßseufzer: „Pfhh — das war hart!" sagt er. Und er lächelt Frieda freundlich zu, was sie von dem ollen Brummbär gar nicht mehr gewöhnt ist. Was mag er bloß haben? Er ist mit einmal richtig nett. Über die Mitnahme von Gästen wird auf der SINDBAD seitdem nicht wieder gesprochen. Wozu auch? Sind sie nicht eigentlich zu dritt auch ganz glücklich?

Föhn

Gustaf hat einen Vetter in Bayern. Der hat am Chiemsee in eine Metzgerei eingeheiratet. Mit angeschlossener Pension und Blumenkästen vor den Fenstern. Gustaf nennt ihn „den Lackl", obwohl er auch aus Kiel stammt. Und er schreibt ihm nur zu Weihnachten.

Der Vetter hat die Kieler Verwandschaft schon öfter eingeladen. Er schwärmt von seinem Chiemsee und behauptet, man könne dort sogar segeln. Na ja, was der so „Segeln" nennt. Gustaf hat den Teich auf Julchens Atlas kaum gefunden. Außerdem hält er die Bayern für das Produkt eines mißglückten Kreuzungsversuchs zwischen Österreichern und Preußen; und er ist auch bereit, ihnen dies ins Gesicht zu sagen. Wenn er mal welche treffen sollte. Aber er trifft nie welche. Ist ja auch egal.

Nun hat der Vetter sie wieder eingeladen, und Frieda hat kategorisch erklärt: „Wir fahren!" — „Aber erst Ende Oktober, wenn die Schiffe an Land sind", sagt Gustaf, dem sein übliches „Quatsch", diesmal im Hals stecken bleibt, als er Friedas Gesicht sieht.

„Nein", sagt Frieda, „in den Sommerferien. Wir kommen etwas früher mit der SINDBAD von Dänemark zurück und fahren dann zu Vetter Max!"

„Quatschbleudsinnverdammtermistümmerdieseweiber" brummt Gustaf. Aber sie fahren. Es ist die erste Reise ihres Lebens, die sie über Hamburg hinaus nach Süden führt, und Gustaf möchte in Hannover am liebsten aus dem Zug steigen und nach Kiel zurückfahren. Das schöne Reisegeld! Dafür hätte er fast ein neues Großsegel bekommen.

In München angekommen, möchte Frieda sich Frauenkirche und Hofbräuhaus ansehen. Doch Gustaf führt sie gleich zum Salzburger Zug. Er haßt München, er haßt diese Reise, er haßt Frieda, es gibt nichts, was er nicht haßt.

*

In Prien holt Vetter Max sie mit seinem Auto ab. Er erwartet sie auf dem Perron, aber Gustaf erkennt ihn fast nicht. Er mustert mißbilligend die Jacke mit den Hirschhornknöpfen und ärgert sich, daß Max mit Kieler Tonfall spricht. Wo der doch längst ein Bayer ist.

Max zeigt auf die zartblaue Kulisse der Alpenkette über dem Bahnhofsgebäude und sagt: „Schön, nicht?“ — „Hm“, antwortet Gustaf, „wo is'n das Wasser?“ — „Aber Vati“, sagt Julchen, „ümmer das olle Wasser.“ — Frieda schweigt.

Sie fahren aber dann doch am See entlang, und Max zeigt ihnen die Klosterinsel Nonnenwörth und die Herreninsel mit dem Königsschloß Ludwigs des Zwoten. Die Frauen jauchzen begeistert — nein, was für eine romantische Landschaft. „Hier soll dat sogar 'ne Werft geben“, sagt Gustaf mißgelaunt. Der Teich hat wenig Eindruck auf ihn gemacht. Mit der Förde überhaupt nicht zu vergleichen.

Sie fahren um den halben See herum in die Gegend zwischen Gollenshausen und Lambach. Maxens Frau, die Zenzi, empfängt sie vor dem Haus — eine rundliche, braungebrannte Chiemgauerin. „Jessas, dö Norddeitschen“, strahlt sie und schiebt sie ins Haus. Sie sollen erst mal was essen. Sicher Knödel denkt Gustaf, und schüttelt sich. Aber es gibt Schnitzel — zu Gustafs größtem Erstaunen. Vom Balkon aus sieht man über den See hinweg auf das zackige Massiv des Wilden Kaisers, und Max sagt: „Morgen fahre ich mit euch in die Berge.“ „Wat“, sagt Gustaf, „inne Berge?“ Mit Bergen hatte er nicht gerechnet. „Ick meen, wi künn hier schippern.

*

Am nächsten Tag fährt Max sie über Ruhpolding und Reit im Winkl nach Kufstein. Die Mädchen sind rein weg — nein, diese wundervolle Gegend. „Von wo aus kann man denn hier auf deinen Teich kieken?“ fragt Gustaf gnatterich, denn er hat von den Bergen genug. — „O je, dann mußt du mit der Seilbahn auf die Kampenwand“, sagt Max und bringt sie nach Aschau. Gustaf fährt mit den Seinen auf die Wand. Kostet pro Kopf drei Mark. Sündhaft teuer, findet er, geradezu Nepp. Von oben sieht man auf den Chiemsee herunter, dessen silbrige Scheibe in der Mittagssonne wie ein Scheinwerfer leuchtet.

„Is aber nich groß“, sagt Gustaf und denkt an die 4 x 3 Mark für die Seilbahn. — „85 Quadratkilometer“, sagt Max. — „Na ja, wie die Eckernförder Bucht“, sagt Gustaf und meint, damit eine äußerst negative Feststellung getroffen zu haben.

Als sie wieder zu Hause sind, fragt Zenzi, wie es ihnen gefallen hat. „Wundervoll!“ kreischen die Mädchen und verdrehen die Augen. — „No, und *du*, Gustaff?“ — „Ooch . . .“ sagt Gustaf, „nich slecht. Dat's 'n Blick von dor boben as vun'n Laboer Ehrenmal“. — Zenzi kennt das Ehrenmal nicht. Es muß sicher ein sehr schöner Blick von dort sein.

*

Am Tag darauf will Gustaf nun endlich auf den See. Segeln will er und die Werft besuchen. Zenzi schwärmt von der zauberhaften Klosterkirche auf der Fraueninsel, einer Sehenswürdigkeit aus dem neunten

Jahrhundert. Aber Gustaf will die Werft sehen. Sonst nichts. Doch — — Segeln.
„Ich weiß nicht so recht“, sagt Max, „wir haben Föhn.“ — „Wat's dat?“ will Gustaf wissen. Max erklärt es ihm. — „Quatsch“, sagt Gustaf, „'n beten Wind op den Teich kann nich schoden.“
In Seebruck mieten die Männer ein Boot. Frieda und Julchen sind bei Zenzi geblieben, mit der sie sich prächtig verstehen. Die Bayern sind gar nicht so, wie Vater immer sagt. Richtig nett und freundlich. Und die Wurst, die sie machen, ist einfach prima.
Max verhandelt mit dem Bootsvermieter. Ob's 'ne Schratze sein soll, fragt er Gustaf. Gustaf kennt keine Schratze, deshalb sagt er „Nö“. — Oder ein Zugvogel? „Der Deibel soll mich . . .“ sagt Gustaf, „de sünn doch ut Sperrholz.“ Also dann wäre da noch eine Hansajolle. „De is richtig, von der Weser kommt sie, und einen Kiel hat sie auch.“
Ob sie segeln können, will der Vermieter wissen. — „Segg em, he kann mi mol . . .“ sagt Gustaf und besteigt die Hansajolle. Heiß wie ein Schirokko bläst der Föhn in das Hafenloch. „Fief bis söss“, schätzt Gustaf und reckt die Nase in die Luft. Man muß reffen, meint der Vermieter. „Repen? Op dissen Angelteich? Büss woll nich klok“, tut Gustaf das mit einer Handbewegung ab. Aber er dreht doch ein paar Ringe weg, um den Verleiher einen Gefallen zu tun. Wo der solche Angst wegen dem Kahn hat.
Sie bolzen zweieinhalb Stunden mit dichten Schoten gegen die knallharte, kurze See an. Dann sind sie auf der Insel. Und quitschnaß. Die Werftleute machen gerade Brotzeit. Gustaf wundert sich, warum das hier „Brotzeit“ heißt und beguckt sich, was sie da so bauen. Büschen lütt allens, aber solide Verarbeitung. Hätt' er gar nicht gedacht von diesen Quiddjes. Würde Heini auch sein Spaß an gehabbt ham. Max will ihm noch die Klosterkirche zeigen, aber Gustaf winkt ab.
Der Wind hat nachgelassen. Kaum noch Stärke drei. Und jetzt, auf dem Rückweg, schräg von achtern. „Ausreffen“, sagt Gustaf, als sie zum Boot gehen. Einer von der Werft zeigt mit dem Schinkenbrot in Richtung auf den Wilden Kaiser. Dort türmen sich über dunkelblauen Bergzakken die schwärzlichen Konturen einer Gebirgslandschaft auf, die dort eigentlich nicht hingehört. „Unwetter“, sagt Max. „Quatsch“, sagt Gustaf und zuckt die Schultern. Büschen Sturm von achtern, na wenn schon. Bringt wenigstens etwas Leben in den Karpfenteich. Die Strampelvelos sind ja auch noch draußen.
Sie sind knapp eine Meile von der Insel weg, da haut ihnen die erste schralende Bö knatternd die Plünnen um die Ohren. Gustaf birgt das Großsegel und dreht vor der Fock ab. Fünf Minuten später kocht der See. Eine waagerecht dahinstiebende Gischtwolke verwandelt die Oberfläche des Wassers in ein fliegendes Gemisch aus Luft und Schaum. Es mögen 8, vielleicht auch 9 Beaufort sein. Die Fock knallt wie ein Maschinengewehr. Max wirft das Fall los und birgt das Vorsegel. Gustaf hockt bibbernd am Ruder. Wenn die Gischtwol-

ken einen Blick zum Masttopp freigeben, sieht er das Fockfall dort oben wie eine Stange waagerecht auswehen. Der Wasserstaub legt sich um ihn wie Watte. Die Sicht beträgt knappe fünf Meter. Gustaf weiß nicht, wohin sie treiben. Er hat keinen Kompaß, keine Karte, stattdessen hat ihn das große Unbehagen gepackt. Fast wie im letzten Sommer auf dem Stollergrund, als die Gewitterbö sie halb nach Eckernförde trieb. Aber hier ist es schlimmer. Die Seen sind viel kürzer, steiler, und kein Raum zum Treiben. Dazu diese schreckliche Watte, in der man fast erstickt. Vielleicht sollte man ankern, aber Gustaf weiß nicht, wie tief der See ist. Max weiß es auch nicht. Also lassen sie es.

Das Inferno dauert eine Viertelstunde. Dann dreht der Wind auf Südwest zurück, und der Himmel klart auf. Gustaf schippert die Jolle nach Seebruck und schüttet das Wasser aus seinen Bootsschuhen. Bis auf einen blutenden Daumen ist alles heil geblieben.

An den folgenden Tagen hilft er Max in der Metzgerei. Um den Daumen trägt er einen Verband. Vom Segeln wird nicht mehr gesprochen.

Als sie wieder in Kiel sind, führt ihn sein erster Weg zum Yachthafen. Dort trifft er Heini. „Na, wie war's?" will Heini wissen. „Mönsch", sagt Gustaf, „also was diese Bayern sind, die können ganz schöne Schiffe bauen. Soll man gar nicht denken von solche Quiddjes. Un weihn deit dat dor op ehre Tümpels — tein Windstärken un mehr. Junge, wat hett dat blosen! Kiek di mien Dumen an — binoh affbroken in'n Storm." Und er zeigt Heini den gequetschten Daumen.

„Süh, so", antwortet Heini ungläubig, „was du nich sagst. Möch man fast nich glauben. Also — richtige Schiffe haben die da unten. Und Sturm. — Verrückte Welt!"

Kleine Bahn

Gustaf verdankt seine Bekanntschaft mit Jimmy einem zufälligen Zusammentreffen mehrerer peinlicher Umstände: Der dicke Möller hatte ihn aufgefordert, auf seiner schnellen Ketsch Sjaelland-Runt mitzusegeln, und Gustaf hatte halb und halb zugesagt — nicht übermäßig freudig, aber zumindest doch wohl etwas geschmeichelt. Als er Frieda davon erzählte, hatte sie erstaunt gefragt: „Regatta? Was willst *du* denn dabei? Verstehst du denn was davon?" — Nun, wer Gustaf kannte, wußte, was für eine Reaktion solche Zweifel bewirken mußten: Er sagte endgültig zu. Warum auch nicht. Ging ja nur ihn was an.

Drei Stunden vor dem Start — gerade als er sich bei Frieda abgemeldet hatte und mit Klappstullen, wollenen Socken und guten Ratschlägen reichlich versorgt im Hafen erschien — sagte Möller ab. Vielleicht war er plötzlich krank geworden, oder er hatte kalte Füße gekriegt, oder sonst was war eingetreten — er sagte jedenfalls ab.

So kam es, daß Gustaf, den Zampelbüdel über der Schulter, nervös im Hafen zwischen den sich zum Start rüstenden Schiffen umherstelzte und auf Möller, den Lieben Gott und die Christliche Seefahrt schimpfte. Im Olympiahafen herrschte jener hektische Zustand, wie er vor Seeregatten üblich ist: Männer, Männer, Männer — dazwischen Segel, Proviantkartons, Reservespieren und an Land gesetzte Dingis.

Die Sonne piekte heiß von oben, was Gustafs Laune nicht gerade besserte. Die Füße schwitzten in dicken Gummistiefeln, und auch der Rücken wurde feucht unter der gelben Ölhaut. Frieda hatte ihm außer dem dicken Isländer noch die Fellweste umgetütert, denn auf See ist es immer kalt. Aber er war jetzt nicht auf See, sondern an Land. Und es war Hochsommer. Und er war ohne Schiff.

Verdammt, dachte Gustaf und sehnte sich nach Weib und Kind. Und nach seiner SINDBAD. Aber dafür war es nun zu spät.

Abgemeldet war abgemeldet. Es führte kein Weg mehr in Friedas Küche zurück. Zufällig stand er neben der ORTRUD, dem Clubschiff des Vereins „Nordsee" — einem RORC-Kutter von beträchtlichem Alter. Der Küstenklatsch erzählte von ihm, so lahm wie er raumschots sei, so naß segele er am Wind. Dafür sei er aber an der Kreuz mächtig schnell und laufe auch bei grober See sagenhafte Höhe.

An Deck wimmelte es von unrasierten Wikingern. Gustaf zählte sieben. Da „Sieben" keine Besatzung war, sondern höchstens eine Primzahl, rief er einem der Burschen zu: „Schipper an Bord?" — „He, Jim!" brüllte der in den Niedergang, in dessen Viereck alsbald unwillig grunzend ein braungesichtiger Jünglingskopf (Nummer 8) zum Vorschein kam: „Was iss?" — Ein Daumen zeigte auf Gustaf.

Ob das der Skipper war? Ziemlich jung für solch einen Job. Aber man konnte es ja mal versuchen: „Ich such ne Schangs für Seeland!" — „Sorry, bin voll", tönte es zurück. Gustaf wandte sich ab. Ein Wink des Himmels, es hatte eben nicht sein gesollt.

„He!" rief es da hinter ihm her. „Kannste kochen?" — „Nee", sagte Gustaf angeekelt, „kann ick nich."

„Was kannste denn?" fragte der Kopf und taxierte Gustaf wie ein Pferdehändler einen schlachtreifen Gaul. — „Ruder gehen", sagte Gustaf und wünschte sich weit weg. — „Praxis?" wollte der Kopf wissen. — „Ooch", antwortete Gustaf, „n'büschen ... zwanzig Jahre Schiffseigner."

„Is jut", sagte der Kopf, „kannst mitkommen."

Gustaf kletterte über die Heckkanzel an Deck. Der Jüngling streckte ihm eine breite Flosse hin: „Ich heiß Jimmy. Und du?" — Gustaf nannte seinen Namen. Damit war er feierlich in die Bordgemeinschaft der ORTRUD aufgenommen.

Nach einer Weile sagte Jimmy, der wenig gesprächig zu sein schien: „Nordost 7 — drei Stunden Startverschiebung — Schiete." Und nach einer Pause: „Könn solange Modenschau machen."

„Modenschau" war Jimmys Ausdruck für Trimmfahrten. Gustaf merkte bald, was sich dahinter verbarg: Unter Vollzeug ging es zunächst, „um warm zu werden", nach Heikendorf. Die ORTRUD rauschte mit dichtgeknallten Schoten und bretthartor Genua, bis zu den Bulleyes wegliegend, durch das glatte Wasser der Förde. Das Speedometer zeigte 9 Knoten. Vor Möltenort fiel Jimmy ab und drehte kurz hintereinander drei Rennhalsen. Zur Probe! Hundert Quadratmeter Tuch stülpten sich in den stürmischen Böen von einer Seite auf die andere. Kein Wort fiel dabei außer Jimmys zwischen den Zähnen geknurrtem „Klar zur ... Rrrrund achtern!" Während das Knallen des Schotschlittens auf der Travellerschiene die ORTRUD in ihren Spanten erzittern ließ, hämmerten die Backstag-Strietscher an Deck. Dazu knarrte die Genuawinsch wie ein frisiertes Moped ohne Auspuff.

Gustaf fand das Manöver prima. Aber Jimmy spuckte wütend um sich: „Mist — Genua weg — Spinatanker raus", denn das Speedo war auf 7 zurückgefallen.

Die Jungs auf dem Vorschiff brachten den Spinnaker hoch: Ein bläuliches Filigran von der Größe eines mittleren Fesselballons hob mit gewölbter Brust die ORTRUD halb aus dem Wasser und ließ sie mit einem gewaltigen Satz nach vorn schnellen. 8,5 zeigte das Speedo jetzt, und Jimmy schmunzelte: „Was sone lüttje Blase nich allens schafft." Und er ließ den „Munki" setzen, den kleinen Betrüger, der unterhalb des Spinnakers gefahren wird. Dann waren sie auch schon an der Schleuse. „Munki weg — Blase weg! Fock I und Klüver II setzen!" brüllte Jimmy. Während die Jungs noch das zappelnde Nylontuch Hand über Hand an Deck zerrten, drehte er die ORTRUD an den Wind und rief: „Reff 1, aber dalli!"

Gustaf hatte, so gut er konnte, mit zugegriffen, aber jetzt ging ihm doch die Puste aus. Deubel auch — der Kerl wollte sie wohl schon *vor* dem Race fertig machen. Was bildete sich diese Rotznase überhaupt ein. Mit dichten Schoten reffen? Der sollte erst mal Segeln lernen.

Aber siehe da: Das Reff ließ sich auch mit dichten Schoten einbinden, und die ORTRUD verlor bei diesem nur drei Minuten dauernden Manöver kaum an Fahrt und Höhe. Dann folgte „Reff 2 mit Fock II ohne Klüver" — offenbar ein Klacks für die eingefahrene Crew — und als Finale der Modenschau auch noch „Reff 3 mit Sturmfock". Darauf machte die ORTRUD am Mittelsteg des Olympiahafens fest.

Jimmy ging zur Kapitänbesprechung. Die Jungs fielen über das Bier her. Da nie-

mand sich um die Plünnen kümmerte, klarte Gustaf das Deck auf. Die Knie zitterten ihm immer noch. Junge, Junge — solche Modenschau hatte es in sich. War zwar Quatsch — aber immerhin.
Nach einer Viertelstunde kam der Skipper mit finsterem Gesicht zurück. „Diese Bettnässer haben den Start schon wieder verschoben. Wozu segeln solche Idioten überhaupt, wenn ihnen 7 Windstärken zuviel sind." Doch um 18.00 Uhr ging es dann wirklich los. Allerdings hatte das Komitee sich für die „Kleine Bahn" entschlossen, da es immer noch mit 6 Beaufort blies. Statt um Seeland sollte jetzt „nur" um Fünen herum gesegelt werden. — Jimmy war stocksauer: Solche Kaffeetouren wä-

ren nichts für ihn. Vor der Haustür herumoymeln könne er auch auf der Alster. Gustaf kratzte sich am Kopf. Die Umsegelung Fünens war für ihn das Programm einer ganzen Sommerreise.

Nach dem Start ging der Wind bald auf 5 zurück und drehte rechtsherum. Jimmy holte deshalb beim Leuchtturm den Ballonklüver raus, der die ORTURD recht und schlecht durch die alte Dünnung boxte. Die Jungs waren mürrisch, weil das Speedo unter 6 sackte und die Konkurrenz ihnen in Lee davongelaufen war. — Jimmy tauschte den Ballon gegen den Spinnaker aus. Aber die Stimmung sank mit dem Zeiger des Speedometers.

„Verdammter Dreck", stöhnte Jimmy und drückte Gustaf gegen 21.00 Uhr die Pinne in die Hand. Kreuzen ja, aber das alte Mädchen in aufrechter Lage geradeaussteuern, das war nicht nach seinem Geschmack. Er hockte jetzt achtern und bediente hingebungsvoll die Winschenkurbeln für Spinnakerschot und Achterholer. Das restliche Volk wurde zu Trimmzwekken ins Vorschiff gescheucht. Eine Wacheinteilung lohnte nach Jimmies Auffasung für das kurze Ende sowieso nicht. — So passierte die ORTURD das schwache Molenfeuer von Schleimünde und strebte — von Gustafs nerviger Faust gelenkt — dem Kleinen Belt zu. Aus dem Burgkorb blitzte die Nummer 3 ab und zu den Spinnakerbauch mit der Stablampe an.

Als sie Mommark querab hatten, verspürte Gustaf ein menschliches Rühren. Außerdem war er steif in der Hüfte, denn das Steuern vor dem Wind strengte an. Er wollte abgelöst werden. „Ausgeschlossen", sagte Jimmy. „jetzt, wo du gerade so gut eingesteuert bist, kannst du doch nicht abgelöst werden." Und er ließ Gustaf mit Zigarren, Cognac und belegten Broten versorgen. Von der Ablösung wurde für den Rest der Nacht nicht mehr gesprochen.

An der Nordspitze Alsens wurde es schummrig. Gustaf freute sich. Nun würde einer von den Jungs sicher das Ruder übernehmen. Er wollte Jimmy gerade um Ablösung bitten, da sah er, wie der Skipper unruhig um sich spähte. Was suchte er wohl? Ach ja, natürlich die Konkurrenz. Während die ORTRUD im glatten Wasser des Belts mit weit vorgeschotetem Spinnaker gut ihre 8 Meilen lief und Gustaf Höhe schnitt, wo er nur konnte, wurde Jimmy plötzlich munter: Er hatte voraus mit dem Kieker ein Schiff entdeckt, dessen Großsegel sich blaß vom fahlen Grau des Morgenhimmels abhob. Jetzt, 500 Meter neben ihnen, ein zweites. Und da — 4 Strich achteraus ein drittes, viertes und fünftes. Und niemand außer der ORTRUD fuhr einen Spinnaker.

Knall! Jimmy hatte Gustaf auf die Schulter gehauen. „Mönsch, alter Sack, du bist denen im Dustern glatt vorbeigerauscht! Sache, was? Nun müssen wir den Vorsprung bis Fyns Hoved halten. Am Wind zischen wir dann ab wie ne jesengte Sau." Gustaf nickte schweigend. Er hatte die Nase voll.

Jimmy klopfte an Deck: „Hö, rauskommen, ihr Penner!" Das verschlafene Volk tauchte auf. „Sache, was? Habt ihr Justaff zu verdanken." — Gustaf gab das Ruder ein wenig verlegen an die Nummer 2 ab, ging unter Deck und haute sich in die Koje. Friedas Stullen im Zampelbüdel hatte er noch nicht angerührt. Er hatte nur einen Wunsch: Knochen lang und schlafen.

Doch kaum hatte er ein Auge zugemacht, da trampelte es an Deck umher; Flüche und Kommandos ertönten. Das Schiff richtete sich etwas auf. Ein Schlagen des Tuchs zeigte, daß denen oben der Spinnaker eingefallen war. Na ja, so etwas muß man eben verstehen. Raumschotsteuern schien wirklich nicht ihre Spezialität zu sein. Er hörte Jimmy fürchterlich schimpfen. Die ORTRUD machte einen Satz zur Seite. Irgendwelche Tampen knirschten beängstigend. Aha, jetzt war ihnen die Blase sogar beigeklappt. Da bei diesem Lärm an Schlaf nicht zu denken war, begab er sich wieder an Deck, wo sechs Mann mit dem backstehenden Spinnaker kämpften, während das Speedo auf 4 stand und die Konkurrenz sich im heller werdenden Schein der Morgensonne anschickte, ihnen in Lee vorbeizuziehen.

Fünf Minuten später hatte Jimmy ihm die Pinne wieder in die Hand gedrückt. Gustaf stellte das Schiff erneut auf den Spinnaker ein — das Speedo rückte brav auf 7. Der Nebenmann sackte achteraus. Die Mannschaft frühstückte. Jimmy saß neben ihm. „Diese Ochsen", sagte er, „nichts als fressen, saufen und pennen. Und immer nur den Wind von vorn wollen sie haben, weil da der Kahn von selbst läuft."

Gustaf wurde gut versorgt mit Spiegeleiern, Bratkartoffeln, Sherry und angezündeten Brasils. Aber er saß immer noch am Ruder, als sie Assens querab hatten. Bei Baagö kam der Wind ein paarmal so spitz, daß der Spinnaker flach wie ein Brett gestreckt und soweit vorgeschiftet werden mußte, bis das Fockstag den Baum fast durchsägte. Aber sie liefen 8 Meilen. Und vor ihnen war nur ein Boot, die hochkarätige Yawl VINETA, die als überaus fixer Raumschotsläufer bekannt war. In der Enge von Faenö nahmen sie kurz die Blase weg, denn der Strom stand gegenan, und es war viel Verkehr. Doch als die Kongebroen in Sicht kam, stand der Spinnaker schon wieder. Sie rauschten mit einem Affenzahn unter der Brücke durch und schifteten mehrmals die Segel. Das war eine Sauarbeit, doch der Aufwand lohnte sich: Querab von Middelfahrt hatten sie der VINETA ein Ohr abgesegelt und zeigten ihr höhnisch einen Tampen.

Gustaf hatte zwölf Stunden am Ruder gesessen. Jetzt reichte es ihm. Jimmy war es zwar nicht recht, daß er sich unter Deck verholte. Nun, wo sie vorn lagen, war es wichtiger als je zuvor, daß ein guter Mann am Ruder saß. Aber sie waren neun. Sollte doch mal ein anderer. Gustaf verschwand. Dreimal holte man ihn noch aus der Koje, während die ORTRUD an der Nordküste Fünens entlangschäumte. Erst als gegen Abend Fyns Hoved gerundet war und der Kurs nach Süden umgelegt wurde, durfte er endgültig ausscheiden. Jetzt ging es gegenan — jetzt hetzten andere die nasse Matrone durch den Großen Belt zurück nach Hause. Gustaf sackte todmüde in die Koje und wachte erst gegen Morgen auf, als hinter Langeland die Dümpelei losging und der Kahn auf der Kreuz so aufs Ohr gelegt wurde, daß ihn selbst das Kojensegel nicht auf der Matratze halten konnte. Jimmy saß immer noch an Deck. Er hatte das Ruder übernommen und kreuzte das Schiff gegen die rasch gröber werdende See. Bevor Gustaf nach einem kurzen Rundblick wieder unter Deck kroch, winkte er dem Skipper zu und fragte: „Wirst du eigentlich nie müde, Boß?" Es waren seit dem Start immerhin 36 Stunden vergangen, und Jimmy hatte keinen Fuß unter Deck gesetzt. „Mönsch, erwiderte der Skipper lachend, „jetzt pennen? Wo das alte Mädchen gerade so schön läuft?" — Gustaf schüttelte den Kopf und torkelte in seine schlingernde Koje. Während er sich mit der Hand in die Wegerung krallte, überfiel ihn erneut der tiefe Schlaf der Erschöpfung. Er verschlief Kiel-Leuchtturm, das Laböer Ehrenmal und das Festmachen im Yachthafen. Er verschlief die Preisverteilung auf dem grünen Rasen vor dem Yachtclub. Und er verschlief die anschließende Siegerehrung.

Als er gegen Abend endlich aufwachte, war er allein an Bord. Er packte seine Klamotten zusammen und ging — immer noch taumelnd — nach Hause. Friedas angetrocknete Stullen legte er auf die Kaimauer. Für die Möwen.

Als er die Tür zur Küche öffnete, wo Frieda und Julchen beim Abendbrot saßen, schmückte ein zufriedenes Lächeln seine unrasierten Kinnladen. „Na, wie war's?" fragte Frieda gnatterich und füllte uninteressiert seinen Suppenteller. Und Julchen meckerte: „Ihr seid ja bloß die Kleine Bahn gesegelt."

Gustafs Lächeln verschwand. „Ja" — sagte er, „bloß die kleine Bahn." Und er schluckte die rauschende Fahrt durch den Belt, seinen Anteil am Sieg der ORTRUD und seine Bewunderung für Jimmy mit einem Löffel aufgewärmter Erbsensuppe hinunter. Dann wischte er sich den Mund und griff zur Zeitung. Wie sollte man den Frauen so etwas auch begreiflich machen. — Es waren *Welten,* die sie voneinander trennten.

Spiel ohne Grenzen

Die besten und überzeugtesten Streiter für eine europäische Integration sind nicht etwa die von Berufs wegen dafür prädestinierten Diplomaten und Politiker, nein — die *Segler* sind es. Fragen Sie doch mal einen Parlamentarier nach „Europa". Er wird Ihnen antworten: Klare Sache, muß eines Tages kommen, Zeit ist jetzt noch nicht reif dafür und so weiter.

Wie anders dagegen die Segler! Für sie hat Europa längst begonnen. Den Bauch des guten Schiffes bis zum Balkweger mit Transitproviant vollgestaut, empfinden sie die Zollabfertigung in Laboe nur noch als lästiges Relikt einer vergangenen Epoche. Und dann liegt sie vor ihnen, die schrankenlose, zoll- und abgabenfreie Liberteh der skandinavischen Gewässer. Dänisches Bier, schottischer Whisky, holländischer Genever und für das Pfeifchen den guten Prince Albert — ja, sie sind echte Europäer. Es gibt zwar auch im Ausland hin und wieder Zöllner, die noch nichts von Europa gehört haben, aber die werden rasch und lautstark bekehrt, wobei die Argumente einem um so reicher zuströmen, als man ja für eine zweifellos gute Sache kämpft.

Auch Gustaf ist solch ein idealistisch getrimmter Fahrensmann. Für ihn ist ganz Skandinavien eine große neutrale Wasserfläche mit einzelnen darin schwimmenden exterritorialen Landfetzen zum Anbinden seines Schiffes. Mit den Landesbewohnern verständigt er sich von Bornholm bis zum Oslofjord mühelos in einer Art „Küstenesperanto", einer Mundart, von der er glaubt, sie sei reinstes „Skandinavisch". Sprachliche Unterschiede zwischen Dänisch, Schwedisch und Norwegisch bezeichnet er als Unsinn, ebenso wie er die Existenz nationaler Grenzen zwischen diesen Ländern schlichtweg leugnet. Finnland würde er zweifellos auch in sein Segler-Europa einbeziehen. Aber da war er noch nicht.

In den Häfen kennt man ihn. Von Sonderburg bis Skagen, von Malmö bis Strömstad gibt es in Belten, Sunden und im Kattegat wohl kein Loch, in dem Gustaf nicht schon mal seine Fender ausgebracht hat. Nur auf der Insel Ven war er noch nie. Warum eigentlich nicht? Ja — wie das Leben so spielt. Wenn er einmal im Öresund war, blieb er immer in Kopenhagen hängen, und dann war die nächste Station auf dem Weg nach Norden Helsingör oder Gilleleje. Und auf der Rückreise war es so ähnlich. Die auf halbem Weg liegende winzige Insel Ven hatte er einfach nicht für voll genommen.

Aber dann hatte Heini ihm in Helsingör etwas von Ven und Tycho Brahe* erzählt und daß es dort so romantisch sei. Dabei war Gustaf plötzlich eingefallen, daß er immer schon eine Vorliebe für kleine, romantische Inseln und ein brennendes Interesse an Tycho Brahe gehabt hatte. Deshalb setzte er am nächsten Morgen Segel und lief die acht Meilen zurück nach Ven. Er machte es sich in dem kleinem Inselhafen bequem — außer ihm lag nur noch eine dänische Yacht dort —, langte zur Pfeife und dem Buch über Tycho Brahe und fühlte sich sofort heimisch.

„Morning“, sagte es auf einmal an Land, und ein Mann mit hellblauem Overall und aufgekremelten Hemdsärmeln lachte zu Gustaf hinüber. Gustaf — jeder Zoll ein Menschenfreund — grinste jovial zurück. Der Mann fragte ihn etwas in einer unverständlichen Mundart. (Hol der Teufel diese europäischen Dialekte — warum sprechen die Kerls nicht Klartext!)

Gustaf antwortete — wie immer, wenn er etwas nicht verstand — sein sterotypes: „Jo, jo — so is dat.“ Aber der Hellblaue ließ sich nicht so leicht abschütteln. Wieder redete er auf Gustaf ein. Gustaf legte jetzt die Wetter-Platte auf: „Fin Vädder har wi hüt, moje Bris, goden Wind.“ Der Blaue winkte mit der Hand ab und stieg auf sein Fahrrad. Gustaf widmete sich strahlend Tycho Brahe. Sein Küstenesperanto hatte sich wieder glänzend bewährt.

Nach fünf Minuten war der Blaue wieder auf der Brücke. Jetzt zierte sein Haupt eine äußerst feierliche Kapitänsmütze mit protzigen goldenen Emblemen. Und die Hemdsärmel waren heruntergekrempelt. Er redete in unverständlichem Kauderwelsch erneut auf den Skipper ein.

„Er dü den Haunevogt?“ fragte Gustaf diplomatisch zurück. Vielleicht wollte er Hafengeld kassieren. „Will dü har Haunepenge? Wo mange koster dat?“

Aber der Blaue war weder der Hafenmeister noch wollte er Liegegeld kassieren. Er machte Anstalten, an Bord zu klettern. Jetzt wurde es ernst. Gustaf nahm Haltung an und wahrschaute den obskuren Gast, der offenbar so eine Art Amtsperson war. Man konnte nie wissen.

Der Blaue grüßte militärisch und nannte seinen Namen. Gustaf nickte mit dem Kopf. „Trinker dü en Snaps?“ fragte er höflich und, wie er annahm, der Sitte des Landes entsprechend. Nein, danke — der Blaue winkte ab. Er schien im Dienst zu sein. Was mochte er bloß von Gustaf wol-

* Tycho Brahe = berühmter dänischer Astronom und Lehrer Keplers, 1546—1601, lebte lange auf der Insel Ven, wo in Kyrkbacken sein Denkmal steht.

len? Aber jetzt fiel das Wort „Zoll" in den so heiteren, besonnten Hafenfrieden. „Tull" — das war Küstenesperanto, das verstand Gustaf sofort. „Nix Toll", sagte er erleichtert, „je har in Gedser inklareert, dat's allens okeh, hier is dat Dokument." „Dokument nix good." (Sieh da, der Mensch konnte plötzlich ja doch Esperanto.) „Danske Dokument nix good for Sveden."

Gustaf verschlug es den Atem. Was sagte der Zollpapst da von Schweden? Ven war doch dänisch! Der Sund war dänisch, Tycho Brahe war ein dänischer Astronom und überhaupt, wann hatte er sich je darum gekümmert, wo Dänemark aufhörte und Schweden anfing. Wo doch alles zu Europa gehörte und von Wasser umgeben war.

„Hör mol to", sagte er zu der Amtsperson, „nu lat uns at first a drink taken, un denn snak wi över dat annere." — Der Blaue wollte kein Spielverderber sein, deshalb ließ er sich den klaren Aquavit schmecken.

Man kam ins Gespräch und wurde sich sympathisch. Nach einer Viertelstunde glaubte Gustaf ihm sogar, daß Ven tatsächlich zu Schweden gehörte. Plötzlich entsann sich der Mann jedoch seiner Amtspflichten. Er wurde dienstlich und wollte verzollen. Gustaf protestierte. „Lat uns man vörweg noch'n Lütten drinken, Inspekter", sagte er und goß die Gläser randvoll. Der Blaue trank, aber dann griff er in die steuerbordsche Gesäßtasche, förderte eine riesige, blitzende Plompenzange zutage und packte sie mit unmißverständlichem Ernst vor sich auf den Tisch.

Wieso überhaupt Zoll, wollte Gustaf jetzt wissen. Es genügte doch, wenn er in *Dänemark* abgefertigt war. Und er hätte doch nur seinen Reiseproviant an Bord. Er sei doch kein Schmuggler.

Als der Blaue das Wort „Schmuggler" hörte, zuckte er zusammen. Dieser Ausdruck schien unangenehme Reflexionen in ihm zu erwecken: „Smuggler, Contrabandist — ja sso." Jetzt wollte er erst recht verzollen.

Gustaf verschlug es den Atem. Was sagte gar nicht gewußt, daß Ven schwedisch sei, und er sei doch als „Seeschiff" deklariert und kein Pirat. Und warum ausgerechnet *hier* der Zoll etwas von ihm wolle, wo er doch schon zehn Häfen angelaufen habe und so weiter.

Dänische Häfen, meinte der Zöllner, aber hier sei *Schweden*, und in Schweden gelte nicht deutsches oder dänisches sondern schwedisches Gesetz. Und jetzt müsse er wirklich verzollen. Was Gustaf an zollpflichtigen Gütern an Bord habe?

Gustaf dachte an die tausend zollpflichtigen Dinge, die, verstreut über den ganzen Kahn, Schapps, Bilge und Backskisten füllten — von Ananas aus Formosa bis zu Zündhölzern britischer Provenienz. Deshalb versuchte er es noch einmal mit der Europa-Platte, aber Ven schien noch nicht lange zu Europa zu gehören. Der Zöllner war sogar so rückständig, auf die am Heck baumelnde deutsche Nationalflagge hinzuweisen und zu sagen: „Tysk, german flagg — nix Europa." Und dann deutete er auf das Heck

der Nachbaryacht und fügte grinsend hinzu: „Dansk, danish — nix Eiropa.“ Gustaf war offenbar an den letzten überzeugten Nicht-Europäer geraten.
Der Blaue trank noch einen Schnaps, aber sonst war er eisern. Nachdem er eine Stunde mit Gustaf palavert hatte, sagte er, er wolle jetzt mittagessen gehen. Inzwischen solle Gustaf alles Zollgut zusammenkramen und in einem Karton oder Segelsack zum Verschließen bereithalten. Schnaps sei Schnaps, und Dienst sei Dienst. Damit erhob er sich leicht schwankend und bestieg seinen klapprigen Drahtesel — nicht ohne sich als Mann von Lebensart von Gustaf mit Handschlag verabschiedet zu haben.

Gustaf setzte sich ins Cockpit, trank noch einen Aquavit (den sechsten) und dachte nach. Was für eine rückständige Gegend, in der es noch solch vernagelte Nationalisten gab. Aber er, Gustaf, würde es diesen sturen Burschen schon zeigen! Mit sechs Aquavit auf nüchternem Magen und den Bauch voller Zorn empfing er die soeben vom Einkauf zurückgekehrte Frieda. Und er pfiff Julchen herbei, die im seichten Wasser Krebse fing. Dann warf er die Leinen los und dampfte aus dem Hafen. Friedas ärgerliche Proteste erstickte er mit der lapidaren Feststellung: „Schlechter Hafen bei Südwest. Und überhaupt — hier stinkt's ekelhaft nach Fisch.“
Frieda schnupperte. Sie roch nur den Duft von Aquavit, und der kam nicht von Land.
„Vati, ist das was für mich zum Lesen?“ fragte Julchen vorlaut und griff nach dem Buch über Tycho Brahe.
„Nee“, sagte Gustaf, „großer Quatsch. Schade ums Geld.“ Dabei sog er heftig an seiner Pfeife, als könnte sie etwas dafür, daß die Insel Ven und ihre Bewohner partout nicht in sein gesamteuropäisches Konzept passen wollten.

Zwomal 210

Gustaf, von einem unüberwindbaren Mißtrauen gegen Motorboote und deren Eigner beseelt, hatte den dicken Pott in den Laboer Hafen hereinkommen sehen und gleich die Vermutung gehegt, er würde sich ausgerechnet das freie Loch neben der SINDBAD aussuchen. Als er seinen Verdacht bestätigt sah und obendrein am Bug die Berliner Gösch entdeckte, bewaffnete er sich mit Pekhaken und einem dicken Gummifender, denn das konnte ja nicht gutgehen. Dann pumpte er den Bauch voll ätzenden Spott und erwartete mit einer Mischung aus Furcht und Verachtung vom Vorschiff der SINBDAD aus das Anlegemanöver des feindlichen Zerstörers. Doch siehe da — die Quatze drehte vor dem Pfahlrack elegant auf dem Teller und und setzte mit leise singenden Motoren langsam über das Heck achteraus in das Loch neben Gustaf. Darauf machte sie lautlos und ganz ohne Bumsen fest und sagte sogar guten Abend.

Gustaf war platt. Sicher war der Zerstörerkäptn ein alter Segler. Woher hatte er sonst solche gepflegten Manieren. — Komisch, auf was für Ideen manche Leute kamen. Sich solch einen Dampfer zuzulegen. Das war kein Schiff, das war ein Kreidefelsen. Und nicht einmal einen Mast für eine Notbesegelung hatte er.

„Schönen Schiff, was Sie da ham", begann Gustaf die Präliminarien. Er meinte das natürlich ironisch.

„Ja, finden Sie?" antwortete der Kreidefelsenskipper verlegen.

„Mann — de dreiht jo as son Brummkreisel." Das klang schon fast wie Anerkennung.

„Doppelschrauben", erwiderte der Berliner geschmeichelt.

„Aha . . . tzwei Motoren", sagte Gustaf und war stolz auf sein technisches Wissen. „Woll mindestens fuffzich PS, nöch?"

„Zwomal zwozehn", antwortete der Skipper.

Gustaf war baff. Er dachte an die 4 PS, die seine SINDBAD recht und schlecht trieben,

und überschlug fix im Kopf: Das war ja mehr als das Hundertfache! Damit mußte der Kreidefelsen ja fliegen können. „Mann — das' aber viel", sagte er betreten.
Der Berliner haspelte einen Rees herunter von Gleitern, Verdrängern und Deep V, von absoluter und relativer Geschwindigkeit, von Rumpfwiderstand, Froudescher Zahl und daß der Widerstand im Wasser im Quadrat der Geschwindigkeit wächst. Gustaf verstand nur „Bahnhof" und stellte die dämliche Frage, wie lange der Kreidefelsen denn so bis . . . sagen wir mal . . . bis Schleimünde brauche. Der Berliner gab es kopfschüttelnd auf. Hier prallten zwei Welten aufeinander, bei denen die menschliche Sprache kein Verständigungsmittel mehr war. Man sagte sich Gute Nacht und ging unter Deck.
Gustaf knurrte: „Allens Quatsch!" und erleichterte sein übervolles Herz bei der geschirrspülenden Frieda. „Verhunnertwintig PS" — er verstand die Welt nicht mehr. Er würde mit diesen Menschen in Zukunft nicht mehr reden. Das waren ja Wahnsinnige! Daß so was nicht polizeilich verboten wurde.
Am nächsten Morgen lief er zeitig aus. Nur fort von diesem Ungeheuer. Er wollte zum Mittagessen in Strande anlegen.

Der Wind war flau und kam aus Nordwesten. Nach einer langweiligen Kreuz stand die SINDBAD gegen 11.00 Uhr vor der Strander Hafeneinfahrt. Er wäre üblicherweise unter Maschine eingelaufen, aber die 420 PS hatten ihm die Lust am Motoren genommen. So quetschte er sich hoch am Wind an den vor der Einfahrt liegenden Sänden vorbei.

Dabei hatte er den Bogen wohl etwas zu knapp berechnet. Es schurrte weich unterm Kiel, und Julchen rief: „Vati, wir sitzen!"

Die SINDBAD war zehn Meter von der Westmole entfernt auf Dreck gelaufen. Gustaf nahm das Großsegel runter und griff zum Bootshaken. Dabei drückte ein leichter Küselwind die Fock nach Lee. SINBDAD fiel ab und zeigte mit dem Heck zur Rinne.

Von der Mole aus wurde Gustaf angepreit. Es war Heini, der ihm eine Leine zuwarf. Gustaf belegte das Ende am Poller, und Heini zog aus Leibeskräften. Die SINDBAD holperte über ein, zwei Sandbänke und stand jetzt dicht vor der eisernen Spundwand. Bis zur Rinne waren es höchstens zwanzig Meter.

Es war wie verhext — der Pott saß wie angenagelt. Rundherum nur ein Meter Wasser — der Kahn mußte von Heini in ein unsichtbares Labyrinth gelotst worden sein. „Aussteigen!" rief die Meute auf der Mole.

Gustaf würgte mehrmals vergeblich mit dem Motor vor und zurück. Dann brachte er einen Warpanker aus und setzte Frieda auf den ausgefierten Großbaum. Das Ergebnis war gleich Null — SINDBAD saß hoch und trocken.

Gustaf rann der Schweiß den Rücken herunter. Er brüllte Frieda und Julchen an, nannte den hilfreichen Heini einen saublöden Idioten und fluchte auf die Behörde, die im Frühjahr mit einem Saugbagger den Sand aus der Einfahrt neben die Mole gespült hatte. Aber es nützte nichts: SINDBAD saß.

Da tauchte auf der Höhe von Schilksee die weiße, stiebende Bugfahne eines schnellen Motorkreuzers aus dem Glast der Mittagssonne. Wenige Minuten später erkannte Gustaf den Kreidefelsen aus Laboe. Ob er? — Nein, das wäre das letzte. Von jedem hätte er Hilfe angenommen, aber nicht von diesem Quiddje. Er drehte der einlaufenden Yacht den Rücken zu.

„He" — rief es da auf einmal, „braucht ihr Hilfe?" Der Kreidefelsen lag mit gestoppten Maschinen vor der Einfahrt, und der Berliner winkte vom Heck aus mit dem Steert einer armdicken Trosse.

„Sag ‚Ja'!" zischte Frieda. Und Julchen rief, ohne Vaters Antwort abzuwarten: „Klar, wir sitzen!" Aber Gustaf zögerte.

Der Motorskipper grinste nicht einmal, was Gustaf noch mehr in Harnisch brachte, als wenn er gegrinst hätte. Diese eingebildeten Affen mit ihren Atomschleudern! Na ja — er wollte kein Spielverderber sein. „Denn smiet man röber", rief er dem Berliner zu und vertäute die zugeworfene Trosse am Mast. „Ober gans, gans suutje!" — Der Motorskipper hob die Hand und kletterte in seinen Ruderstand. Es wirbelte und brauste am Heck, die Trosse spannte sich, SINDBAD legte sich auf die Seite und hob den Bug. Friedas Porzellan klirrte, Julchen schrie ängstlich. — Doch dann hatte der Kreidefelsen die SINDBAD über die erste Sandbank hinweggeschleift. „Mein Geschirr!" jammerte Frieda. Gustaf brummte: „Holl dien Sabbel" und prüfte den Slipstek am Mast. Die SINDBAD hatte 45 Grad Schlagseite.

Jetzt holte der Kreidefelsen zum nächsten Schlepp tief Luft. Das Wasser war hier noch flacher. Diese Segler mußten ja verrückt sein, sich hierher zu verkrümeln. Von Navigation hatten die offenbar noch nie etwas gehört. Die könnten von den Motorbooten ruhig noch etwas lernen.

Gustaf hatte ein Brechen der Trosse erwartet. Der fiese Kerl schleifte ihn ausgerechnet über die flachste Stelle der ganzen Gegend. Das war ja fast schon ein Landtransport. Wenn nur der Mast das aushielt. — Doch Trosse und Mast hielten, und die SINDBAD wälzte sich, auf der Seite liegend wie ein gestrandeter Wal, über die Buckel und Sände neben der Einfahrt, wobei sie eine tiefe Furche in den hellen Sand des Meeresboden grub.

Das Ganze dauerte knapp fünf Minuten, dann schwamm die SINDBAD wieder auf ebenem Kiel. Gustaf motorte in den Hafen und machte sein Schiff fest. Die steile Falte über seiner Nasenwurzel verriet, daß er konzentriert nachdachte. Mann in de Tünn — nun wußte er plötzlich, wozu diese Kreidefelsen ihre 420 PS brauchten — natürlich — warum war er nicht gleich darauf gekommen: zum Abschleppen gestrandeter Segler — das war doch sonnenklar. Warum hatte der Kerl das nicht gleich gesagt.

Und er ging mit der Kömbuddel zum weißen Bergungsschlepper hinüber, um sich mit einem Schluck zu bedanken. Nichts mehr gegen die PS. Nein, und auch nichts mehr gegen die Motorskipper. Nicht einmal, wenn sie aus Berlin stammten.

Als er zur SINDBAD zurückkehrte, warf er seinem braven Zweitakter einen vernichtenden Blick zu. Er öffnete das Motorluk und drohte mit der Faust hinein: „Dor kanns di een Beispeel an nehmen, du spillerige Kaffeemöhl!" Und er beschloß, seine PS-Zahl zu verdoppeln. Nicht sofort, aber wenn er mal zu Geld kommen sollte. Es brauchten ja nicht gleich zwomal 210 zu sein.

Insel der Frauen

„Nein, so ein weißer Sand!“ schwärmt Frieda von Anholt. Wenn es nur leichter zu errreichen wäre. Von Grenaa aus sind es rund 25 Meilen offene See, von Sjaellands Odde aus fast doppelt soviel. Und in der Regel eine Masse Wind in dieser Ecke des Kattegats.

Noch schlimmer ist der Rückweg. Um in den Belt zu gelangen, muß man von Anholt aus gut Südwest machen. Aber aus Südwesten weht es meistens. Und das bedeutet, daß man die Heimreise immer zu lange hinauszögert, weil man auf den Ostwind wartet. Doch der Ostwind kommt nicht — jedenfalls nicht, wenn man ihn braucht. Stattdessen kommt das nächste Tief, der Südwest legt zu, und die Rückfahrt erfolgt übereilt und unter Zeitdruck, denn die Zeit kneift, und der Heimweg ist lang.

Frieda spuckt, Julchen spuckt. Gustaf hockt 14 Stunden lang an der Pinne, bis er — mit doppeltem Reff und das Deck halb unter Wasser — Ballen auf Samsö zu fassen hat. Aber auch dort gibt's keine Ruhepause. Bis Kiel sind es noch gute 120 Meilen gegenan. Und das alles nur, weil man sich nicht rechtzeitig von Anholt trennen konnte.

Es gibt da so eine goldene Regel: ein Drittel des Urlaubs für die Hinfahrt, ein Drittel für den Aufenthalt am Zielort, ein Drittel für die Rückreise. Aber das haut bei Frieda und Julchen nicht hin. Wenn die erstmal auf Anholt Fuß gefaßt haben, bleibt die SINDBAD dort wie angenagelt liegen — eine Woche, zehn Tage und länger. Früher gehorchten die Mädchen dem Skipper aufs Wort, wenn er sagte: „Morgen früh geht's los!“ Aber nach ihrem ersten Besuch der meerumspülten Insel wurde das anders. Seit Julchen nun auch noch den Jollen-Führerschein gemacht hat, muß Gustaf feststellen, daß er von seinen Frauen einfach überstimmt wird.

Dabei schätzt auch er das sonnige Eiland mitten im Kattegat. Aber nicht als Dauerliegeplatz, sondern mehr als Stützpunkt, als kurzen Verschnaufplatz nach stürmischer Überfahrt. Gustaf liegt überhaupt nicht gern länger als eine Nacht in einem Hafen. Was soll er da auch? Plünnentrocknen, Wassertanken, sich mit den Nachbarn über das morgige Wetter verständigen. Mehr nicht. Und dann am nächsten Tag weiter. Wohin, ist egal, nur weiter — und keinen günstigen Wind unausgenutzt lassen. Da macht Anholt keine Ausnahme. Einkaufen kann man dort sowieso schlecht, da alles vom Festland täglich mit dem Fährschiff hinübergeschafft werden muß. Und baden? Na — also, das wäre für Gustaf das letzte!

Seit Jahren möchte er gern einmal in die schwedischen Westschären. Von Marstrand aus innerhalb des Schärengürtels nach Norden und dann vielleicht über Smögen, Fjällbacka sogar bis Strömstad an der Norwegischen Grenze. Aber immer liegt Anholt auf seinem Weg. Und immer bleibt die SINDBAD auf Anholt kleben, als ob es in der ganzen skandinavischen Inselwelt kein anderes Ziel gäbe. Nicht einmal zurück kommt man rechtzeitig.

Die Frauen finden es himmlisch, am Strand zu liegen, zu baden und die Vögel zu beobachten. Die vielen großen Yachten im Hafen geben ihnen das Gefühl, „dabeizusein" und mitten zwischen der Prominenz den Duft der großen, weiten Welt zu atmen. So, als ob man dazugehörte. Nizza, Cannes, Bikinis, Sonnenbrillen, teures Liegegeld — alles hat man hier. Und exklusiv ist es auch, denn für kleine und alte Schiffe ist die Chaussee doch etwas holprig. Die Creme bleibt hier unter sich.

Gustaf hockt verzweifelt in der Plicht. Er nimmt den Vergaser auseinander, reinigt den Primuskocher, entsandet die Bilge, lüftet Segel und Matratzen, schleift und lackiert den Kajütaufbau. Er überholt den Moses und baut die Lenzpumpe aus. Die Tage vergehn. Er wird immer nervöser — aber die Frauen sonnen sich am Strand, genießen den Urlaub und wollen nicht weg. Und wenn Gustaf etwas von „Rückreise" anzudeuten wagt, fallen sie über ihn her, er sei ein scheußlicher Egoist, und wozu hätten sie überhaupt den langen, beschwerlichen Anmarsch unternommen.

Früher gelang Gustaf noch manchmal der Trick mit dem Wetterbericht. Dann sagte er einfach, es gäbe den richtigen Nachhausewind, den man mitnehmen müsse wie — einem unabänderlichen Gesetz zufolge — der Elbschipper die Tide. Aber das verfängt bei den Frauen nicht mehr. Julchen dreht jetzt selbst an den Knöpfen und bestimmt: „Vati, Rügen-Radio meldet immer noch Südwest, da müssen wir schon noch bleiben." Und wenn Gustaf dann ärgerlich wird und knurrt: „Ick schiet op Südwest! Seit wann können wir denn bei Südwest nicht mehr segeln?" sagt Julchen einfach: „Aber Vati, der Mann im Radio hat doch gesagt, daß der Einfluß des Rußlandhochs sich allmählich durchsetzt. Dann warten wir doch lieber den Ostwind für die Rückfahrt ab."

Spätestens bei diesem Punkt des Gesprächs meldet sich auch Frieda zu Wort: „Immer diese Hetze! Wo es hier gerade so schön ist. Also das will ich dir sagen, gegenangebolzt wird diesmal nicht!"

Ja, so ist das. Gustaf hat darüber mit anderen Skippern gesprochen; bei denen ist das so ähnlich: 10, 12 oder 15 Jahre braucht man, bis man der dämlichen Bande von Crew ein bißchen Seemannschaft beigebracht hat. Und dann ist einem das Volk plötzlich über den Kopf gewachsen. Die Geister die man rief . . . man wird sie nicht wieder los.
So vergeht die Zeit auf Anholt mit Baden, Basteln und Warten auf Ostwind. In fünf Tagen ist der Urlaub zu Ende, und sie waren nicht in Schweden. Dafür gammeln sie immer noch auf der „Ile des Dames“ herum. Das Hoch ist natürlich nicht gekommen, auch die Sonne ist fort. Dafür bläst ein neues Tief ihnen direkt in den Rachen. Nun *müssen* sie fort. Ohne Hoch. Gustaf sagt (eine Woche zu spät): „Morgen geht's los.“ Und es geht los.
Frieda und Julchen spucken um die Wette. Alles so schön von Gustaf Getrocknete wird naß. Der Skipper hängt bis Samsö 14 Stunden hinterm Ruder. Sein Ischias zwickt ihn ins Bein, und die Erholung ist zum Teufel. Sie knüppeln über das Kattegat, hetzen durch den Belt, bolzen sich in der Kieler Bucht fest. Mit steifen Gliedern treffen sie am späten Sonntagabend auf der Förde ein.
Am nächsten Morgen beginnt Julchens Schule, und auch Gustaf muß ins Büro. Frieda bleibt drei Tage mit Grippe im Bett liegen. Sie hat sich auch sonst wohl etwas übernommen. „Nie wieder“, schwören Frieda und Julchen.
Doch nun ratet mal, was im nächsten Sommer passiert: Die SINDBAD landet todsicher wieder auf Anholt. Die Frauen schwärmen und genießen, und Gustaf schimpft und lackiert. Und er verpaßt bei der Rückreise mit Sicherheit wieder den Anschluß. Alles spielt sich genau so ab wie beim letzten Mal.
Gustaf kommt auf diese Weise natürlich nie in die schwedischen Schären. Anholt liegt ihm im Weg. Und kein Kurs führt daran vorbei. Das hätte er sich früher überlegen müssen. Wie so vieles andere auch. Der Kreis hat sich geschlossen. Die Geister, die er rief . . . Doch einen Trost hat er: Heini geht es genau so.

Wie Gustaf den Petrus das Segeln lehrte

Gustaf fühlte, daß es mit ihm zu Ende ging, und er machte in seinem Herzen Abschlußbilanz. Die großen und kleinen Sünden ordnete er getreulich auf der Soll-Seite, die guten Taten buchte er gewissenhaft im Haben. Dann zog er Bilanz, denn er wollte mit freiem Blick dem Lieben Gott in die Augen sehen können, und — fürwahr — seine Bilanz konnte sich sehen lassen!

Gewiß, da waren ein paar dunkle Punkte, aber die lagen viele Jahre zurück. So wie er sich kaum noch daran erinnern konnte, würde wohl auch der Herrgott, der ja so viele Sünden täglich registrieren muß, im Drange seiner großen Geschäfte ein Auge zudrücken und sie als verjährt ansehen.

Dagegen wies sein Haben-Konto aber, wie er selbstgefällig feststellte, eine ansehnliche Fülle von Opfern, Liebesbeweisen, guten Taten und edlen Gesten auf, so daß er sich im Himmel wohl nicht allzu schlecht ausnehmen dürfte.

Ihm wurde mit einem Mal ganz leicht zumute — alles war hell und freundlich, kein Rheuma, keine Sorgen, keine Verpflichtungen, nichts, was seinen rasanten Höhenflug bremsen konnte. Er klopfte kurz und kräftig an die Himmelstür und war nicht weiter erstaunt, schon nach kurzer Zeit schlürfende Schritte jenseits der Tür zu hören. „Wer ist denn da?" brummelte eine tiefe, ehrfurchtgebietende Stimme. Gustaf nannte seinen Namen und Heimathafen. Die unsichtbare Stimme polterte: „Gustaf?? Es gibt so viele Gustafs! Welcher ist das nun?" Und bei diesen Worten knarrte die große Tür in den Angeln und öffnete sich einen kleinen Spalt.

„*Du*?" sagte Petrus, „du bist ja der *Segler* Gustaf. Was willst du denn hier?" Gustaf im vollen Bewußtsein seines gottgefälligen Erdenlebens antwortete etwas kurz, denn er war ärgerlich wegen der dummen Fragerei: „Rein will ich!"

„So, so", meinte Petrus, „da wollen wir

doch mal im Register nachsehen", und er griff nach links in ein Wolkenfach und holte Band «G» heraus. „Gustaf der Angler, Gustaf der Fußballer, Gustaf der ... — ha, hier haben wir dich: Gustaf der Segler. — Ein toller Bursche! Hier steht: faul, egoistisch, rechthaberisch, asozial, verschwenderisch, ungläubig. Für den Himmel ungeeignet. Und so etwas klopft hier noch ganz frech an. Diese Segler! Immer auf den alten Petrus schimpfen, aber selbst durch und durch verdorben.

Und nach dieser langen Rede machte er Anstalten, die Himmelstür vor Gustafs Nase zuzuschlagen. Dieser, durch das Knarren gewarnt, klemmte schnell noch den Fuß zwischen Tür und Schwelle und sprudelte hastig hervor: „Das muß ein Mißverständnis sein, lieber Petrus, sicher ist das ein anderer Gustaf."

„Was", raunzte Petrus grob zurück, „ich erkenne dich doch wieder. Du bist doch der faule Strolch von der Kieler Bucht!"

„Aber wieso bin ich denn faul? Ich habe mein Leben lang geschuftet und geschafft. Und weshalb bin ich ein Strolch?"

„Seht einmal diesen Patron an", erwiderte Petrus, „168 Stunden hat die Woche. Davon nur ein Drittel im Büro gesessen, die übrige Zeit gesegelt oder vom Segeln geträumt. Von den im Büro verbrachten Stunden die Hälfte vertrödelt mit Segelgedanken, die andere Hälfte vertelefoniert mit Büdelneihern, Werften, Bootsbauern und dem Wetterdienst. Du bist faul und bleibst faul, basta!"

„Schön", meinte Gustaf resignierend, „aber egoistisch bin ich bestimmt nicht. Da hast du dich verschrieben, Petrus."

„So, dann werde ich dir mal meine Notizen vorlesen:

- Weihnachten: schenkt seiner Frau Propankocher fürs Boot statt sehnlichst gewünschtem Blauseidenen. Tochter kriegt Segel fürs Beiboot statt dringend nötiger Schuhe. Und Nietenhose statt Handtasche.

  Er selbst wünscht sich neuen Kompaß und kriegt ihn auch.
- Ostern: keine Geschenke, da Rechnung für Winterplane zu bezahlen.
- Pfingsten: kein Ausflug, dafür muß Familie Schiff schleifen und lackieren.
- Hochzeitstag: ausgefallen wegen Vorstandssitzung im Segelverein,
- usw. usw.

Oder willst du noch mehr hören?"

„Nein, das genügt", sagte Gustaf zerknirscht, „wenn auch sehr subjektiv betrachtet. Schließlich hat meine Familie sich doch dabei sehr wohlgefühlt!"

„Was du nicht sagst", donnerte Petrus da zurück. „Hier steht weiter: Rücksichtsloser Barbar. Treibt tyrannisch Familie bei Regen zum Hafen. Knüppelt bei Windstärke 7 nach Schleimünde, obgleich seine Frau Mandelentzündung hat. Nutzt zu jeder Nachtstunde die Brise aus. Hat immer recht. Gibt nie Fehler zu. Wenn Bootsmanöver mißglücken, hat immer Vorschotmann unrecht. Haut unschuldige Tochter mit Tampen. Verschweigt zu Hause Extra-Gratifikation und kauft dafür Raumballon."

Nun wurde Gustaf doch ein wenig mulmig ums Herz. Er gab reumütig alles zu, bat

aber, trotzdem im Himmel belassen zu werden, nachdem er nun schon die weite Anreise hinter sich hatte. „Verdient hast du es ja nicht“, brummte Petrus. „Aber das sage ich dir, wenn ich dich noch einmal so auf mich schimpfen höre wie im vergangenen Sommer, dann fliegst du wieder raus! Meckerer und Besserwisser haben hier keinen Platz.“

Dann winkte er den Erzengel vom Dienst heran, dem er den Auftrag gab, Gustaf auf Kammer ein anständiges Hemd zu verpassen — vorläufig noch ohne Flügel — und ihm einen Schlafplatz im großen Wolkensaal Nr. 7 anzuweisen. „Wenn du eingekleidet bist, meldest du dich bei mir, verstanden?“ Dann überließ er Gustaf seinem Schicksal, brummte etwas vor sich hin, was so ähnlich klang wie: „Immer diese unmöglichen Segler“, stieg auf eine kleine Wolke und fuhr schnell von dannen, in dem er sich mit dem rechten Fuß kräftig abstieß.

Gustaf mußte nun eine ganze Reihe ungewohnte und seinem ausgeprägten Individualismus völlig fremde Prozeduren (wie Anmelden, Registrieren, Einkleiden usw.) über sich ergehen lassen, und es war 18.00 Uhr geworden, bevor er sich durch ein tolles Gewimmel von großen und kleinen Engeln mit und ohne Flügel zu Petrus durchfragen konnte. Er sah manch bekanntes Gesicht, aber Segler waren nicht darunter.

Er traf Petrus in der Reparaturwerkstatt, wo eine Reihe Engel mit Schleifpapier und Terpentinlappen die Wolken von unten reinigten. „Sieh dir den Dreck an“, brummte Petrus, „alles von eurem dämlichen Atomgestank. Hol dir einen Pinsel und weiße Farbe — damit wirst du wohl umgehen können — und erneure die Bodenanstriche.“

Gustaf tat, wie ihm geheißen. Er malte bis in die späten Abendstunden, bis er zehn Wolken fertig hatte. Mit ein wenig blauer Farbe setzte er noch zusätzlich einen wunderschönen Wasserpaß ab und war mit seinem Werk sehr zufrieden. Dann bestieg er eine Wolke und versuchte, durch Abstoßen mit dem rechten Fuß damit ebenso in Fahrt zu kommen wie Petrus. Es ging ganz gut, strengte aber ziemlich an. Plötzlich machte er eine Entdeckung: Die im Himmel eingebaute, riesige Klimaanlage erzeugte einen feinen Luftstrom, der unablässig von West nach Ost zog. Gustaf steckte die Nase in die Luft und schnupperte. „Feine Brise“, sagte er zu sich,

„Windstärke 2 bis 3. Und nun kein Schiff, so ein Jammer!" Dann guckte er sich die Wolken an, und dabei kam ihm ein Gedanke. Er kletterte auf eine hinauf, spreizte mit beiden Händen sein Hemd, welches vom Wind wie ein Spinnaker gebläht wurde, und — o Wunder — er machte Fahrt. Nach einigem Üben ging es ganz gut, vor allem raumschots. Nach einer Stunde hatte er auch heraus, wie er sein Hemd brassen mußte, um fast 6 Strich am Wind zu segeln.

Das genügte, um in schwungvollen Bogen kreuz und quer durch den Himmel zu schippern, bis — ja bis er auf einmal mit halbem Wind auf Backbordbug Petrus in die Quere kam, der sich mühsam mit dem Fuß Meter für Meter vorwärtsstieß. „Dampfer von rechts", blitzte es in seinem Gehirn, aber da bumste es schon, so daß Petrus fast das Gleichgewicht verlor und furchtbar schimpfend auf Gustaf losfuhr, wieso er so schnell und ohne sich abzustoßen durch den Himmel jage.

Gustaf fühlte seine große Stunde schlagen. Er erklärte Petrus das Geheimnis, mit dem Hemd zu segeln, was diesen mächtig beeindruckte, denn er war schon recht alt und nicht mehr so gut zu Fuß. Und ein wenig später sah man beide mit geblähten Hemden auf die Kreuz gehen, wobei Gustaf wie auf Erden seine Kommandos brüllte und Petrus als gehorsamer Schüler diesen Kommandos Folge leistete.

Von diesem Zeitpunkt an waren die beiden unzertrennliche Freunde, und schon nach kurzer Zeit übertrug Petrus seinem Segellehrer die Wetterregulierung für die Erde. Mit dem Erfolg, daß es nur noch an Wochentagen während der Nachtstunden regnete, während an den Wochenenden und zur Urlaubszeit strahlendes Sonnenwetter mit prächtigem Nordost herrschte. Und noch eine Auswirkung hatte dies bedeutsame Ereignis: Alle Engel wollten segeln und da ihre Hemden dafür meist zu kurz oder zu knapp waren, setzte sich schlagartig der neueste krinolinenartige Maxi-Look in der Himmelsmode durch, für den Gustaf selbst die Entwürfe...

„Bautz" — Gustaf verspürte einen leichten Schlag und wachte auf. Frieda hatte ihn angestoßen. „He Käpt'n", sagte sie, „wach auf! Was zuckst du denn dauernd mit dem linken Bein und brüllst ‚Raum'?" Gustaf schnappte nach Luft und wischte sich mit dem Zipfel des Schlafsacks den Schweiß von der Stirn — mein Gott, wie heiß war es in der Kajüte! Er mußte schlecht geträumt haben. Aber ist das ein Grund, jemanden gleich in die Rippen zu knuffen? Immer diese Frauen!

Inhalt